本书获广东省"十二五规划"2014年度学科共建项目资助(项目名称:同语言不同地区的跨文化语用翻译研究;项目批准号:GD14XWW02)

译学新论丛书

付永钢／著

Pragmatic Translation Adaptation in Different Regions of the Same Language
Exemplified with E-C Translation Practice in China's Mainland, HongKong, Macao and Taiwan

同语言不同地区的语用翻译顺应研究

·以我国海峡两岸及香港、澳门地区的英汉翻译为例·

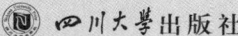

四川大学出版社

项目策划：张　晶
责任编辑：张　晶
责任校对：周　洁
封面设计：阿　林
责任印制：王　炜

图书在版编目（CIP）数据

同语言不同地区的语用翻译顺应研究：以我国海峡两岸及香港、澳门的英汉翻译为例 / 付永钢著. — 成都：四川大学出版社，2018.12
（译学新论丛书）
ISBN 978-7-5690-2664-1

Ⅰ. ①同… Ⅱ. ①付… Ⅲ. ①英语－翻译－研究 Ⅳ. ①H315.9

中国版本图书馆CIP数据核字（2019）第000051号

书名	同语言不同地区的语用翻译顺应研究
	Tong Yuyan Butong Diqu de Yuyong Fanyi Shunying Yanjiu
作　者	付永钢
出　版	四川大学出版社
地　址	成都市一环路南一段24号（610065）
发　行	四川大学出版社
书　号	ISBN 978-7-5690-2664-1
印前制作	跨克
印　刷	成都市金雅迪彩色印刷有限公司
成品尺寸	170 mm×240 mm
印　张	12.75
字　数	217千字
版　次	2019年8月第1版
印　次	2019年8月第1次印刷
定　价	52.00元

◆版权所有 ◆侵权必究

◆ 读者邮购本书，请与本社发行科联系。
　电话：(028)85408408/(028)85401670/(028)86408023　邮政编码：610065
◆ 本社图书如有印装质量问题，请寄回出版社调换。
◆ 网址：http://press.scu.edu.cn

四川大学出版社
微信公众号

内容简介

跨文化语用翻译指在文化观念和语用理论的指导下,把一种语言转换为另一种语言,使另一种语言的使用者获得与第一种语言的使用者对应的信息和感受的过程。通常情况下,同一个译本适用于同一种目的语或译入语所有的接受者。但如果一个使用同一种语言的国家幅员辽阔且方言众多,或不同的地区在某些方面存在很大的差异,不同的译本就会应运而生,译本的语言风格自然也会有所差别,我国正是这种情况。虽然大陆与港澳台文化一脉相承,都使用中文作为主要的书面和口头交际语言,但政治制度、经济体制、社会文化形态、教育体系、生活方式以及交际语言等存在一定差别。这些差别给翻译带来了一定的影响,其主要表现就是英译汉译文中的具体语言表达不尽相同。维索尔伦(J. Verschueren)创立的语用综观论中的动态顺应观能够很好地解释这一现象。如果同一种语言在不同的地区存在差异,那么各地区的译者在翻译外来文献或资料的过程中就自然会竭力发挥译者主体性,努力让自己的译文动态地顺应本地区的语言语境和非语言语境,使本地区的目的语接受者在阅读或听到译文时感觉清楚明了和自然顺畅,以较好地实现翻译的最终目的。

前　言

香港、澳门和台湾与祖国大陆都是中国大家庭的成员，同宗同文，同享许多核心价值观。不过，由于历史、政治、经济和地理等原因，香港、澳门和台湾地区慢慢形成了有别于大陆主文化的各具特色的区域文化。港澳虽然与内地文字相同，但港澳人说粤语，内地只有广东和邻省部分地区说粤语，其他大部分地区的人说北方方言，某些省区的人说其他方言。虽然广东本地人和广西某些地区的人也说粤语，但这两个地区的粤语与港澳粤语在语音、词汇、语用等方面也存在许多不同之处。台湾的普通话与大陆的普通话源头相同，基本相通，但在语音、词汇和语用等方面也存在不同程度的差别，而这种差别也会反映在书面语中。总的来说，无论是口头语还是书面语，港澳台与大陆在语言使用中存在一定的差异，如书写形式（简体与繁体）、语音、语调（方言不同差别更大）、词汇、语法以及语用等各方面的差异。此外，港澳台地区独特的政治、经济和社会文化形态构成了各不相同的宏观和微观交际语境，具体语境因素/成分包括"概念化的习惯"（conceptualization habits）和"社会化的过程"（socialization processes）。因此，外译汉的时候，海峡两岸及香港、澳门的译者就不得不认真考虑各自的文化因素和交际环境，从"心理世界"（mental world）、"社交世界"（social world）、"物理世界"（physical world）等方面，在语言的不同层面尽力顺应本地的社会文化语境，使译文忠实地再现作者/说者的原意。

目前，学术界以我国海峡两岸及香港、澳门英译汉为题进行的对比研究十分有限，通过中国知网（CNKI）搜索引擎能够查到的1983年至2018年这35年间在学术期刊和其他各类杂志上发表的文章和学位论文只有不到70篇，而从跨文化语用学的角度对海峡两岸及香港、澳门英译汉进行的专题研究就更少了。这些研究主要集中在英语电影片名、专有名词和术语翻译的对比上，其他方面少有涉及。本书以跨文化语用理论为指南，从社会文化大背景入手，通过对海峡两岸及香港、澳门各类文本英译汉文本的分析和研究，致力探讨不同译文背后的交际环境与文化因素，对正确认识海峡两岸及香港、澳门英汉译文差异的本质具有一定的提示作用。首先，本课题研究的着眼点是同一语言不同地区翻译的语言和语用特色，重点是对比不同地区译文表达的差异，这是普通翻译研究中经常被忽略的一环，因此我们的研究有助于弥补这一缺陷。其次，港澳台国际化程度比较高，大陆国际化的步伐越来越快，海峡两岸及香港、澳门与外国的交往和交流愈加频繁，翻译活动也随之增加，翻译材料不断增多。对其英汉翻译特点的分析和研究将有助于了解各地区对外国的思想理念、科学文献及文学艺术等的理解，扫除沟通障碍。第三，我们的研究对翻译教学也有实际的指导作用——研究成果可以用来帮助大陆和港澳台学生辨析各自英译汉的语用特点，同时帮助他们认识跨文化语用理论对翻译的指导作用，并让他们学会在自己的翻译实践活动中运用这些理论，切实提高翻译水平。

目前，跨文化语用翻译研究中运用较多的语用学理论之一是维索尔伦的语用综观论（也称"语用顺应/适应论"），特别是其重要组成部分——动态顺应观（Dynamic Adaptation）。人们运用这一理论从宏观和微观两方面研究、探讨口笔译与交际环境、文化相关的各种语用问题。研究者之所以将语用综观论的动态顺应观运用于翻译研究，是因为翻译与面对面的跨文化交际一样，都是

前言

一个动态顺应的过程，译者既要顺应原作者或说者，又要顺应目的语文化的读者或听者。翻译过程中，译者需要根据双方的社会文化状况和心理期望不断调整顺应的策略，在认识语言"变异性"（variability）的基础上，经过反复"商讨"（negotiability），达到"顺应"（adaptability）目的语的终极目标，即做出恰当的语言选择（linguistic choice）。根据维索尔伦的观点，交际语境包括心理世界、社交世界、物理世界三个范畴，以及说者、听者（释话者或理解者）、作为信息传输渠道的语言三个要素。语境的这六个因素相互关联，被称为"语境相关因素"（contextual correlates）。在这六个因素中，社交世界与社会文化的关系最为明显。在翻译的整个过程中，译者必须考虑语境这些因素的相关性，重视社会文化因素的影响。在翻译一个文本或一段话语时顺应各种因素。

在本书中，笔者拟表达这样的观点：由于翻译是一个跨文化交际过程，与会话一样，译者在翻译的过程中也需要顺应各种语境因素，包括维索尔伦提出的心理世界、社交世界、物理世界等因素，需要根据具体情况在社会语用和语言语用方面同时动态地顺应原文作者/说者和目的语读者/听者。大陆与港澳台的社会文化环境有所差别，英译汉译者依据其具体的交际环境和社会文化语境做出的语言和语用选择不尽相同。此外，每个地区内的交际环境和社会文化状况基本一致，各类文本英汉翻译过程的宏观语境大致相似，反映在译文上就会呈现出一定程度的同质性。本书以跨文化语用理论为指导，对比研究同一语言不同地区翻译文本的特点，通过分析各类材料英译汉文本，较为全面和系统地研究和分析了各自地区间英译汉方面的主要差异以及地区内英译汉译本的同质性，得出了一些概括性的结论。希望我们的研究对我国翻译事业有一定的贡献。

付永钢

于暨南大学珠海校区

2019年6月5日

目 录
CONTENTS

1 港澳台地区的社会文化状况及语言特征 …… 001
 1.1 港澳台地区的历史简况 …… 003
 1.2 港澳台地区的社会文化现状 …… 005
 1.3 港澳台地区的语言及方言特点 …… 006

2 维索尔伦的语用综观论及其运用 …… 011
 2.1 语用综观论的基本观点 …… 013
 2.2 语用综观论在普通交际研究中的运用 …… 020
 2.3 语用综观论在翻译研究中的运用 …… 023

3 大陆和港澳台地区英汉翻译非语言语境的顺应 …… 029
 3.1 心理世界方面的顺应 …… 031
  3.1.1 意识形态及思想观念方面的顺应／032
  3.1.2 期望及心理需求等方面的顺应／037
 3.2 社交世界方面的顺应 …… 045
  3.2.1 称呼与称谓方面的顺应／046
  3.2.2 政治、经济及社会体制方面的顺应／052
  3.2.3 文化传承与社会规范方面的顺应／056
 3.3 物理世界方面的顺应 …… 062
  3.3.1 对时间因素的顺应／063
  3.3.2 对空间因素的顺应／064

4 大陆和港澳台地区英汉翻译语言语境的顺应 …… 067
 4.1 词语层面的顺应 …… 070

i

  4.1.1 人名翻译／070
  4.1.2 地名翻译／076
  4.1.3 技术名词与专业词汇翻译／081
  4.1.4 普通词汇翻译／091
 4.2 语句与结构层面的顺应 …………………………………… 103
  4.2.1 数词与量词短语／103
  4.2.2 词性与结构／105
  4.2.3 词序与句式／112
  4.2.4 衔接与连贯／115
  4.2.5 省略与增补／120
 4.3 语篇与篇际层面的顺应 …………………………………… 123
  4.3.1 语体参照顺应／124
  4.3.2 用词参照顺应／126

5 大陆和港澳台地区英汉翻译顺应过程中的意识突显 ………… 131
 5.1 意识形态方面的意识突显 ………………………………… 134
 5.2 经济与科技等方面的意识突显 …………………………… 137
 5.3 社会文化习俗方面的意识突显 …………………………… 141

6 大陆和港澳台地区英汉翻译顺应过程综合分析 ……………… 145
 6.1 顺应的动态性 ……………………………………………… 147
 6.2 译者主体性与顺应的关系 ………………………………… 154
 6.3 顺应的连续性与整体性 …………………………………… 163

结束语 ……………………………………………………………………… 175

参考文献 …………………………………………………………………… 179

致 谢 …………………………………………………………………… 190

1
港澳台地区的社会文化状况及语言特征

1 港澳台地区的社会文化状况及语言特征

研究一个社会的语言而不研究其社会文化状况是不可能的；同理，研究作为一种语言活动的翻译也必须了解和研究相关社群的社会与文化。因此，我们讨论海峡两岸及香港、澳门英汉翻译就有必要对这几个地区的历史、政治、经济、社会以及大众文化有一个大概了解，这样在探讨和分析翻译实例的过程中才能追根溯源，有的放矢。虽然翻译中需要顺应的因素纷繁复杂，但最重要的是顺应目的语或译入语社会的交际语境、语言结构和译文的接受者，而所有这些都与该地区的宏观社会文化语境密切相关。译者如果对此非常熟悉，进行翻译时就能得心应手。

1.1 港澳台地区的历史简况

香港、澳门和台湾地区的出土文物表明，中华民族的足迹早在几千年前就留在了这些土地上。数千年来，中华民族在这里繁衍、劳作，中华文化在这里发展、传承。最初，这里人口稀少，但随着时间的推移，人口增多。从宋元时期开始，内地迁入香港和澳门地区的人口越来越多。大陆人大批移居台湾始于明朝末年，其中包括郑成功1661年为收复台湾带去的数万官兵及其家眷……港澳台三个地区的文化各具特色。港澳毗邻广东，历史上其人口的绝大部分来自广东，因此两地粤文化的共同特征十分明显；台湾与福建隔海相望，很大一部分台湾人的祖籍是福建或靠近福建的粤东，所以台湾闽南和客家文化特色非常鲜明。

不言而喻，外国势力的介入不同程度地影响了港澳台三地的社会和文化。1840年第一次鸦片战争以后，英国分别于1842年、1860年、1898年强迫清政府签订《南京条约》《中英北京条约》《展拓香港界址专条》三个不平等条约，先后"割让"或"租借"香港的三个主要部分，即香港岛、九龙和新界，使香港受英国殖民统治长达155年，直到1997年主权才回归中国。在其统治期间，英国利用总督制及由英国人把持的政府机构，以各种方式推行英国的制度和文化，打压中国文化。如回归前香港的主要公共事业公司、财团和房地产公司等均由英国人控制，许多英文学校相继建立，英语广泛运用于政府公务、商务沟通、教育文化等领域。不过，香港绝大部分居民来自广东，日常交际仍然使用粤语。华人并未放弃自己的文化传统和习俗，其生活中中西文化成分兼而有之。因此，无论港英政府如何强力推行西方观念及其文化，香港始终保留了中国传统文化。

相比而言，澳门被西方列强占据的时间更长。1553年，葡萄牙人取得澳门居住权。而后又从清政府手中强索澳门地区的"管理权"，致使澳门受葡萄牙殖民统治时间长达四百多年。在此期间，葡萄牙殖民者在澳门强制推行殖民政策及其文化，竭力维护少数葡萄牙人的利益，歧视和压迫华人，阻碍华人进入政府机构和上层社会；开办葡语学校，规定葡语为官方语言，正式文件以及门牌、街道等都必须用葡文书写。但是，同香港一样，绝大部分在澳门生活的中国人无缘政府机构或上层社会，平时说的都是汉语（粤语），待人接物、过年过节也遵循中国的传统习俗，当然也或多或少受到葡萄牙文化的影响，因此澳门地区同样体现出中西合璧的社会文化特征。

台湾也曾被西班牙、荷兰几个帝国主义国家侵占。1662年，郑成功率领大军打败了荷兰殖民者，收复了台湾。1895年，甲午战争后日本强迫清政府签订《马关条约》，割让台湾和澎湖列岛，时间长达50年。在这50年中，日本在台湾残酷镇压台湾人民的反抗活动，同时在整个岛内有计划、大规模地进行奴化教育，强行压制中国文化，大力宣扬和倡导日本文化，大肆开办日语学校，强迫本地人民学习日语，竭力提倡日本的风俗，甚至起日式名字。日本殖民者处心积虑地进行奴化教育，给台湾的社会和文化打上了很深的烙印，时至今日日本语言文化的影响仍清晰可见。1945年日本在第二次世界大战中战败，中国再次光复台湾，中国文化重新成为主导，中文成为官方语言。

1949年中华人民共和国成立后，大陆与港澳台在意识形态和社会文化等方面的差别越来越明显。总的来说，在文化、教育、语言以及社会生活方面，港澳台明显受资本主义政治、经济的影响。

1978年中国共产党十一届三中全会之后，我国进入了改革开放的新时代，经济建设重新成为党和国家工作的重心，引进西方先进的经济理论与企业管理模式,普通民众与西方文化的接触也与日俱增。大陆的这些变化渐渐缩小了与港澳台在经济发展与文化建设方面的距离,相互影响日益明显。例如,改革开放之前,港澳台的普通民众学习普通话积极性不高,大专院校基本上不招收大陆的本科生或长期交换生;改革开放初期,港澳台包括流行音乐在内的文艺形式对大陆产生了很大的影响,许多大陆青年以模仿港台流行歌曲、学说粤语为时尚。随着大陆经济、文化的迅速发展,港澳回归祖国后,港澳民众兴起了学习普通话的热潮。现在,港澳台的高校不但在大陆招收研究生,而且招收本科生或长期交换生。许多港台艺人也到大陆来发展演艺事业,不少大陆拍摄的电视剧在港澳台受到观众的热捧。

1.2 港澳台地区的社会文化现状

香港和澳门分别于1997年、1999年先后回归祖国,在一国两制的框架下实行本地的《基本法》。《基本法》规定其现行政治、经济体制和人民生活方式至少50年不变,除外交和国防,其他领域两地高度自治。《基本法》为两地政治局势的稳定和经济的持续发展奠定了坚实的基础。从总体上看,两地回归后社会稳定,人民生活安康,与内地各方面的关系日趋紧密,交往增多,沟通和理解不断增强。

受外国文化影响,港澳台形成了各具特色的教育体制和教育模式,除教育学制一样,其他方面与内地差异较大。学制现在都是"6年小学+3年初中+3年高中+4年大学本科/2-3年专科(香港2009年调整之前大学本科为3年)"。就教育体制而言,香港的中学有公立、私立公助(多为教会所办)和私立学校(包括国际学校),大学有公立和私立大学。澳门的教育体制没有统一的模式,中学有中式、葡式和英式,大学也分公立和私立。台湾的教育体制比较统一,以中美混合式为主,不过大学是以美国模式为主。港澳台与大陆教育的差别较多体现在教职员工的编制和招聘、学期的安排、教学过程的管理、课程的设置、对教师和学生的要求、教学及考试方法、教材的选用等方面。这些方面大陆通常比较严格,对任课教师往往有具体的要求,如教材需在某种范围内选择,教学大纲必须统一格式,教案必不可少,教研室或课程组要定时讨论和交流,课程测试及作业至少要有一定的次数，平时成绩和考试所占总评成绩不能超过一定的比例，等等；相比之下，港澳台在这些方面一般比较宽松，学校给予教师的权力较大，因此任课教师的教学灵活度也比较大，可以根据实际情况临时调整教学计划或方案。港澳台与大陆大学的差别还表现在院系的设置、本科及研究生招生专业及人数的确定和录取的方式、专业的确定与专业培养方案的制定、学生实习的计划等方面。比如院系设置，受西方影响，港澳台的院系设置行政色彩不浓，特别是系一级的设置更是如此，系主任常常由有一定职称的教师"轮流坐庄"。然而，大陆高校的院系建制非常严格，院长和系主任通常都有行政级别，要经过一系列严密的程序才能确定，系主任由教师轮流担任的情况极少。

在生活领域，香港和澳门回归后继续其原有的中西混合型的生活方式，具体表现在节假日、典礼仪式、待人接物、衣着打扮、饮食等各个方面。例如公共节日，既有春节、清明节、端午节、中秋节等中国传统节日，也有耶稣受难日、复活节、圣诞节等西方节日；典礼仪式常常中西结合甚至同时举行；朋友既不太容易深交，但也并非像西方人那么"朝三暮四"；衣着打扮虽然比较自由，但也不像西方人那样随心所欲。不过，港澳的饮食的确是五花八门，中国各大菜系和世界主要菜式随处可见。台湾虽然受日本和美国文化影响很大，而且这种影响在社会生活中也有不少痕迹，但相对港澳两地而言，其中国文化根基深厚，因此总体上中国文化明显处于强势地位。就公共节日来说，台湾的纪念日和传统节日都是中式的，与外国文化无关，如"孔子诞辰纪念日""春节""中秋节"。纪念日与大陆不同，但传统节日大同小异。台湾民间的风俗习惯一般也是中式的，其中闽南和客家文化传统尤为明显，表现之一就是饮食习惯，如夜市上的小吃基本上都源自闽南或客家传统饮食。

1.3 港澳台地区的语言及方言特点

如前所述，港澳台三地人口绝大多数是中国人，他们的母语是中文。但是，香港和澳门在过去很长一段时间分别受英国、葡萄牙的殖民统治，因此也有一少部分人平时说英语或葡语（主要是本地葡语）。就中文而言，三地一个共同特征就是使用繁体字。另外，香港和澳门的街道、门牌、公司名称、公示牌等均同时使用中文和外文,香港用英文,澳门用葡萄牙文。众所周知,香港回归后语言状况是"两文三语",即书面语言通常使用中文和英文,口头交流一般用粤语、普通话和英语。澳门目前语言状况是"三文四语",即书面语言通常使用中文和葡文,有时也用英文,日常口语包括粤语、普通话、葡语和英语。台湾人95%以上都说汉语,除了说台湾普通话的人以外,福建人后裔说闽南话,客家人说客家话,台湾少数民族说本族话。

  港澳台三地与大陆在语言方面的差别主要表现在口头语上,书面语也存在一些不同。港澳和台湾的口头语差别也很大,书面语也并非完全一致。我们从语音、词汇和语法三个方面比较一下三地与大陆在语言方面的异同。首先,语音方面的差别显而易见。虽然大陆通用的普通话在各大方言区或多或少会受到当地方言的影响,使普通话的语音语调带上一点地方腔,但词语的发音通常不会有很大的变化,说普通话的人相互交流、沟通没有大的障碍。由于香港和澳门的口头语主要是粤语,而粤语的语音语调与普通话相去甚远,所以不懂粤语的内地人和不懂普通话的港澳人之间难以交流。另一方面,港澳粤语与广东粤语在语音上也多少有些差别,但交流不会有太大的困难。在台湾,讲闽南话和客家话的人与只会说普通话的大陆人沟通也存在很大的困难,因为这两种方言与普通话的语音语调存在很大的差别。李青梅(1995)在《海峡两岸字音比较》一文中,从通用音义、方言音义、地名姓氏音、行业科技用字的音、翻译音等八个方面,对比了大陆《新华字典》(1990)和台湾相关辞典(1981)中的3500个常用字。通过对比,她发现3500个常用字中注音相同的有2711个,注音不同的有789个,差异率为23%。虽然台湾说台湾普通话的人与大陆说普通话的人之间的沟通一般问题不大,但偶尔也会遇到一些麻烦。究其原因,除了某些词语的发音外,话语的语调和韵律也会产生一定的影响。这一点在程佳和何伟所做的大陆普通话与台湾普通话的听辨感知实验中得到了印证。他们在认真分析测试结果后得出结论:"无论在两岸的媒体语言还是日常交流中,即使两岸人所说的字音完全一致,我们听感上仍有明显的不同……即一般人说的'大陆腔'和'台湾腔'。"[1]

  关于港澳台与大陆中文在词汇方面的差别,我国很多语言和方言学者都做过

---

[1] 程佳、何伟:《两岸语音韵律差异的听辨感知实验》,刁晏斌,主编《两岸四地现代汉语对比研究新收获》,北京:语文出版社,2013:336.

调查和论述（吴永德，1990；汤志祥，1995；魏励，盛玉麒，2000；马重奇，林玉山，2013；刁晏斌，2015）。虽然学者们调查和论述的角度不完全一样，但所论及和列举的例子都反映了港澳台与大陆在中文词汇方面存在差异的语言事实。港澳台与大陆中文词汇方面的差异主要表现在以下几个方面：一是缩略词语的差异，表现在对现有语词的缩略和创造新词两个方面。例如港澳台包含数字的缩略语很少，而大陆却特别多，如"五讲四美""三个代表""八荣八耻"；港澳台合称式的缩略语比内地多，如"学弟妹""院校长""硕博士""孙子女"；港澳台经常对非固定组合词语加以减缩，如"关重"（关心与重视）、"鼓勇"（鼓足勇气）、"外食"（在外吃饭）、"妥慎"（妥善与谨慎），这与大陆通常以固定组合词语为基础进行缩略有所不同。二是外语借词情况不尽相同，这可以从外语词语的来源和翻译方法等看出来。就来源而言，香港绝大部分借词来自英语，澳门有许多借词来自葡语，而台湾的不少外语词语借自日语。内地普通话里的外语借词虽然有很大一部分来自英语，但是总体上呈现出多源头的态势。至于外语借词的翻译方法，港澳台虽然并非完全一样，但翻译人名和地名尽力使其中国化却是三地共同的特点，而这与大陆尽量使用异化的翻译方法刚好相反。香港和澳门这方面还有一个突出的特点，就是在口语和行文中直接插入外语词语，这在大陆和台湾并不十分流行。三是大陆和港澳台中文里相同的词语使用情况有所差别，如"进行""做/作""搞"等虚义动词的使用。以"进行"一词为例。作为动词性宾语、中间性宾语、名词性宾语和不带宾语的"进行"使用的比例海峡两岸及港澳均有差异，而且每万字出现的频率差别也比较大：大陆为7.21%，香港4.60%，澳门5.93%，台湾4.54%，港澳台平均为5.02%，说明"进行"一词在大陆行文中出现的频率远高于其他三地。[1]

此外，港澳台许多相似的特征自然也反映在语言上，使这三地具有一些共同性，如均保留了不少早期现代汉语的传统，新词、新义和词语的新用法高度一致。例如"工友""大班""行礼""身家""戏院""盘尼西林"等词语在三地基本通用；翻译外国人名尽量采用归化法，即使其听起来很像中国人的名

---

[1] 刁晏斌：《海峡两岸及港澳地区现代汉语差异与融合研究》，北京：商务印书馆，2015：183。

字。[1]当然，随着海峡两岸及港澳的交往日益增多，港澳台与大陆的中文词汇有融合的可能——这也是不少学者和专家所呼吁的，但短期内还难以实现。

与词汇相比，港澳台三地与大陆中文语法方面的差别较少，主要表现在某些句式所表达的意义和使用方面。如有标记被动句、处置句、"有+动词句"等。如属于有标记被动句的"被"字句，在大陆和港澳台的用法就存在一定的差别，比如使用频率大陆（1.3‰）和香港（1.4‰）高于澳门（0.8‰）和台湾（0.7‰），在用"被"字句表达"如意"这一含义（"被"字句通常用来表示不如意的事情）时，大陆（12.1%）远远高于港澳台三个地区（分别为4.5%、7.1%、4.7%）。另外，大陆和港澳台在属于有标记被动句的"遭"字句和"获"字句所表达的意义和使用方面也存在程度不同的差异。关于处置句，"把"字句比较有代表性，大陆与其他三地使用这一句式的差别主要表现在以下几个方面：第一，使用"把"字句的频率大陆（6.75%）远高于港澳台（分别为3.64%、3.75%、3.30%）；第二，大陆很少在"把"字结构后面使用非处置性动词，而这种用法在港澳台三地却比较常见，如"把……成为……""把……配合……""把……堕落……"；第三，在"把"字结构之后大陆通常不会使用"光杆动词"（即不带宾语或补语的动词），而其他三地的中文里却常常能见到这种用法，如"把……引进""把……更改""把……保留"。虽然"有+动词"句式大陆和港澳台都有，但使用的具体情况不尽相同。大陆目前仍然主要局限于口语和网络语言中，使用者年轻人居多，但港澳台口语和书面语使用都很普遍；从书面语的使用频率看，大陆每万字仅为0.24%，而港澳台与大陆相比比例高出许多——香港高出5倍，澳门高出3倍，台湾也高出1倍。港澳的"有+动词"句式常常具有鲜明的粤语特色和古旧色彩，而台湾人在使用这一句式时一个独特之处是经常将形容词置于"有"字之后，如"有差""有轻松过""有够离谱"。[2]除了刚刚提到的这些语法差异外，港澳台还有一些句式在用法上与大陆也多多少少有一些差别，如"（在+）动词+中""动词+而已""即使……（也）……"。另外，香港和澳门口头和书面汉语表达与普通话语法上的差异常

---

1 刁晏斌：《海峡两岸及港澳地区现代汉语差异与融合研究》，北京：商务印书馆，2015：20-21。
2 同上，第247-412页。

常是受粤语的影响而产生的，如"我走先"（即"我先走"）之类；不过这并非港澳所独有，也同时见于广东等地的粤语。

　　总的来说，无论是口头语还是书面语，港澳台三地与大陆使用的语言都存在一定的差异，表现在诸如书写形式、语音语调、词汇、语法以及语用等各方面。港澳台与大陆在语言和方言上的差异由来已久，虽然近年出现了一些趋同和融合的迹象（特别是科技和专业词汇），但许多差异还将长期存在，这就会给三个地区与大陆的语言交流造成一些困难。这种困难也常常表现在翻译领域，在外译汉中产生诸多不一致的情况，给人们的相互理解带来不便。因此，了解和认识这些差异很有必要，因为这样才能尽量减小语言交际中可能出现的困难和翻译中的差异，使海峡两岸及港澳同胞之间的沟通与理解更加通畅，交流与互动更有成效。

2

维索尔伦的语用综观论及其运用

2 维索尔伦的语用综观论及其运用

近几十年来，国内外的语用学研究方兴未艾，将语用学运用于翻译的研究也层出不穷，我国学者和研究者在这方面的研究可谓数不胜数（龚龙生，2001；戈玲玲，2002；胡庚申，2004；曾文雄，2010；莫爱屏，2010；李占喜，2014）。在这些探索和研究中，维索尔伦的语用综观论运用得特别多，可以说是独领风骚。在本书中笔者也是运用他的这一理论对海峡两岸及港澳英译汉各自的特点进行比较和研究，因为该理论对同语言不同地区翻译的顺应同样具有很强的解释力。这里很有必要对语用综观论做一个较为详细的介绍。

2.1 语用综观论的基本观点

语用综观论也称语用动态顺应/适应理论（Pragmatic Dynamic Adaptation Theory），是比利时国际语用学学会秘书长维索尔伦于20世纪80年代提出并完善于90年代的语用学理论。它是对过去语用研究中过于偏重单方面研究的一种革新，为语用学研究指出了一条崭新的道路。语用动态顺应理论的综观性体现在两个方面：一是从交际者的心理、社会文化因素和交际所涉及的客观世界综合观察和审视交际中的语言，二是从语音、词汇、语法结构、篇章和篇际等各个层面对语言的使用过程进行整体的研究与分析，使我们得以从宏观和微观两个方面全面了解和认识人们使用语言过程中所发生的情况的全貌，从而更加客观和科学地分析和把握交际语言和语言交际的特征和规律，为语用学的研究和语言教学提供更加科学可靠的依据。

交际语言的"可变性"（variability）、"协商性"（negotiability）和"顺应性"（adaptability）是人们在交际中能够不断选择各种语言表达（continuous making of linguistic choices）的先决条件。[1]可变性的意思是，语言具有一系列、各种各样可供语言交际者选用的表达方式，这些表达方式在形式上乃至意义上不尽相同，但是却都能够表达交际者希望表达的意思和企望达到的交际效果。协商性是依赖于可变性的一个语言特征，因为语言存在多种可供选择的表达方式，所以"协商"才有可能。在协商的过程中，交际者没有必要也很难总是按照形式—功能对等的原则来选择需要的词语或句式；实际上，人们在交际中通常是依据高度灵活和机动的原则，根据实际语境的具体情况进行语言选择的。由于交际语境总是处于不断变化和发展之中，所以就语言选择进行的协商也是发展变化的。可变性和协商性是交际语言的基本特征，而顺应性是前两者相互作用而产生的结果，同时也是交际的目的。在交际的过程中，交际参与者或语言使用者在自己所知的范围内，从一系列可供选择的语言符号中，经过自己的思索与斟酌（即协商），最后做出最佳语言选择。当然，所谓最佳选择是语言交际者自己认为的，是相对的，但通常已经能够满足交际的需要，或者说可以达到比较满意的交际效果。不过，选择的结果偶尔也不尽如人意，因而达不到交际的期望——这也在所难免。为了比较直观地认识语用综观论中交际语言的三个特性，下面举例说明。

实例1：

交际背景：学生要参加驾照考试，欲向任课老师请假。

学生：老师，我明天想请个假。

老师：有什么事？

学生：我要参加驾照考试。

老师：不能周末考吗？

学生：这是驾校安排的时间。

老师：要有学院的正式假条。

学生：就一个下午，有必要吗？

老师：必须有！

---

[1] J. Verschueren: *Understanding Pragmatics*, Beijing: Foreign Language Teaching and Research Press, 2000: 58-63.

如果我们对上面师生对话的第一个轮回进行仔细的观察和分析，就很容易看出交际语言可变性、协商性和顺应性的特征。首先，学生在向老师提出请求之前，会考虑第一句话使用什么样的言词和什么形式的语句才恰当。有一系列词语可供他选择，如可以替代"老师"称呼的词语就有"张老师"（如果老师姓张）、"教授"（如果老师是教授或副教授）、"张博士"（如果老师是博士）、Mr. Zhang（如果学生平时经常这样称呼这位老师）；可以选择的句子形式也不只"我明天想请个假"这种陈述式，还有"我明天可以请个假吗？""我明天可不可以请个假？"这种疑问式，也有"明天给我个假吧！"这样略带请求语气的祈使句。这么多可供选择的词句（如果再加上语音语调等因素选择就更多了）为学生提供了表达自己意思的语料库，使其有条件确定自己的最佳选择，这说明了交际语言的可变性。在这个对话中，学生经过思考（可能迅速，也可能缓慢），最终选定了目前使用的称呼和句式，这就是学生经过大脑自己与自己协商的结果。学生之所以选择"老师，我明天想请个假"这样的句式及其中的词语，是因为他认为这种句式和这些词语能够恰如其分地表达他的意思，即可以达到顺应当下的语境并实现交际的目的——请假。当然，从老师的角度看，学生是否真的选择了最佳词语和最佳句式另当别论，因为这还与这里并没有列出来的可能的背景/语境相关，比如该学生与老师的关系、老师的性格、学校的规定。听到学生的请求后，老师的回应是"有什么事？"。其实，这句话也是从许多可以表达相同或相似意思的话语中选出来的，其中包括"啥事？""什么事？""有重要事情吗？"。这些说法不仅词语有多又少，而且语音语调和语气等也可能有所不同，为言语的变异创造了条件。老师最后选择了目前使用的语词，也是经过了或快或慢的考虑而做出的决定，或者说是与自己协商的结果，同时也是对所处语境的顺应，而且这种顺应在老师本人看来自然也是恰当而有效的。

然而，在该对话的最后一个轮回中，学生对言词的选择（"就一个下午，有必要吗？"）明显不太恰当，因为话语听起来仿佛是责问，有逼老师直接准假的嫌疑，导致老师反感而说出了没有商量余地的话语"必须有！"。这一事实说明，即便语言有各种可能的选择，而且可以利用语言的协商性不断、反复地进行思考（实际交际中通常是瞬间发生），交际者或语言使用者也未必总能够成功地顺应所处语言环境，这就是语言交际有时会发生梗阻或失败的重要原因之一。

维索尔伦（2000）在语用综观论中列出了观察和研究交际语言选择和顺应的四个角度，即顺应的相关（交际）语境因素（contextual correlates of adaptability）、顺应的语言结构（成分）（structural objects of adaptability）、顺应的动态性（dynamics of adaptability）、顺应过程中的意识突显（salience of the adaptability）。[1]其实，上述四个研究的角度就是交际过程中语言顺应的情况和状态，所以"contextual correlates of adaptability"和"structural objects of adaptability"常常被许多学者分别直接翻译为"语境因素顺应"和"语言结构顺应"。顺应的相关语境因素实际上囊括了交际语境的所有语言和非语言成分，包括"心理世界"（mental world）、"社交世界"（social world）、"物理世界"（physical world）、发话者（utterer）和释话者（interpreter）以及交际信道（channel）。这些因素之间的关系可以用图2-1[2]表示：

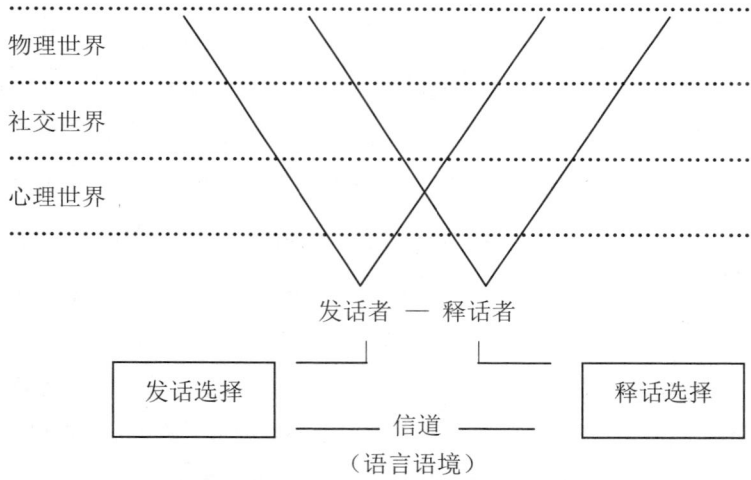

图2-1　交际语言顺应的相关语境因素

信道通常是语言（也可能是诸如密码和信号等非语言媒介），它包括和交际相关的一切语言表达，如说过的、正在说的和准备说的话，当然也应该包括发话者和释话者选择的语言表达，还包括言词和话语之间的衔接与连贯以及语篇和

---

[1] J. Verschueren: *Understanding Pragmatics*, Beijing: Foreign Language Teaching and Research Press, 2000: 65-68.

[2] 同上，第76页。

篇际之间的制约关系。非语言语境包括心理、社交和物理三个"世界"以及发话者和释话者（这里主要指内化于他们头脑中、与交际相关的各种知识和背景成分）。显然，发话者和释话者是交际的中心（两者偶尔有可能是同一个人），整个交际过程都是在他们的作用下才得以展开和完成的。心理世界包括交际者的性格、心态、情绪、信仰、欲望和期待、动机和企图，等等。它们是影响交际者（发话者和释话者）进行语言选择的非常重要的因素，而且往往是决定性的因素。社交世界的成分十分复杂，可以说包罗万象，从主文化到各种亚文化，从社会风俗到社交场合，从人际关系到日常规范，都属于这一范畴。社交因素对交际最明显的影响是交际时如何选择称呼和称谓，即人称指示语言的使用。物理世界首先指时间和空间因素，如交际发生的时间、说话的时间等；也包括交际语境中所有的物理因素，如周围可见的情景和可以听到的噪声等；还包括交际者的生理状况和交际时使用的非语言行为，如面部表情、手势、身姿、衣着打扮、体距等。

顺应过程中的语言结构包括的范围也非常广，它不仅仅指交际者在交际中运用的语音语调、词汇和句型、话语命题等，还包括交际语言和语码、交际风格、言语行为、话语构建原则等。如果把方言考虑在内，人们通常都可以被视为双语使用者或多语使用者。这样，交际时首先就有一个使用哪一种语言或方言的问题，在多语言地区更是如此。在交际的过程中，人们常常出于各种原因从通用语转换为某一方言，或在本族语中不时加进几个外语词语或句子，这就是"语码转换"（code switching）。人们在交际中使用语言的方式是不一样的，如有的人经常转换语码或使用成语，有的人喜欢直来直去，有的人喜欢拐弯抹角，表现出不同的交际风格。言语行为作为话语的基本单位，也是语言结构中特殊的一环，交际中应该使用直接还是间接言语行为，应该怎样把握施事行为的施为力，也是交际者经常需要面对的问题。交际中如何组词成句、如何组织话语的信息，需要运用语言的构建规则，其中也应该包括会话合作原则（Grice，1975）和关联准则（Sperber & Wilson，1986a）等理论所论及的语言交际的一般规律。

顺应的动态性是基于交际语言的可变性和协商性的。正是因为语言的这两个特性，交际的过程才具有动态性。因为顺应是通过连续不断的协商而达成的，而且协商也不仅仅发生在发话人的身上，也发生在释话人的身上，即动态性反映在所有交际参与者的身上。顺应的动态性主要体现在话语意义的动态生成（dynamic generation of meaning）上，而意义的动态生成可以发生在语言结构的任何层面。时空的转换是导致语言动态变化最明显的一个因素，人们常说的"什么时间、什么地点说什么话"形象地说明了交际中语言随着时间和地点的变化而变化的动态特征。交际双方该说什么或不该说什么与事先知道什么、刚刚说过什么、发生过什么事情等与时间相关的因素都有密切的关系，这也体现了顺应的动态性。人们之间的社会关系和交际者的心理状态也常常使交际语言处于动态变化之中。比如对同一个人讲话，在知道他的身份或与自己的关系之前和之后，说话的方式、方法很有可能截然不同；交际者由于某种原因由高兴转为严肃或生气的时候，说话的语气和使用的词句也会大相径庭——这也是语言选择和顺应动态性的一个侧面。交际语言的动态性还体现在语用策略的选择上，交际者往往会根据语境的变化使用不同的交际策略，从直截了当转为委婉含蓄，从彬彬有礼变得声色俱厉，使用的语言也会随之改变，这些都是交际者自觉或不自觉的对语境的动态顺应。

交际语言顺应过程中的意识突显（salience）是一种元语用意识（metapragmatic awareness），研究者可以从诸多方面对其加以观察和分析，因为很多因素对意识突显具有程度不同的影响。首先，从宏观角度看，意识突显的方向和程度能够决定整个交际事件或交际过程的重点和走向，交际者在交际中的语言选择和顺应都会受制于这种总体意识。其次，社交（意识）突显（social salience），即社会常规使某些事物和现象比与之相对应但情况相反的事物和现象更加突出，前者通常被称为"有标记的"（marked），后者被称为"无标记的"（unmarked）。例如，如果人们违反常规说"请问你的年龄有多小？"（而不说"……有多大？"），"你跑得有多慢？"（而不说"……多快？"），话语中的特殊含义就突显出来了。因为相对而言，"小"和"慢"是有标记的，而"大"和"快"是无标记的。再有，事先计划和考虑比交际发生时才临时抱佛脚意识突显更加明显，也可以说元语用意识更强，因为这样交际者在交际中对应该强调或突出什么内容、应该使用什么样的话语强调要表达的意思就心中有数。当然，在交际进行的过程中，交际参与者的意识突显也会随着语境和交际的进展而出现或改变，从而也可能改变顺应的目标和方向。例如，老师找一个严重迟到的学生谈话，原本准备好好地批评学生一番（意识突显1），但是随着谈话的进行，老师得知学生迟到是因为在路上帮助了一位突然发病倒地的老人，所以决定变批评为表扬（意识突显2），表扬后老师又感到还是需要强调应准时到课（意识突显3），因此又会多说一两句相关的话。在这里，意识突显的改变再次显示出交际和顺应过程的动态性。

事实上，语言顺应的四个方面在交际的过程中是同时出现的，因此是不可分离的，如维索尔伦（Verschueren，2000）在图2-2[1]中所示：

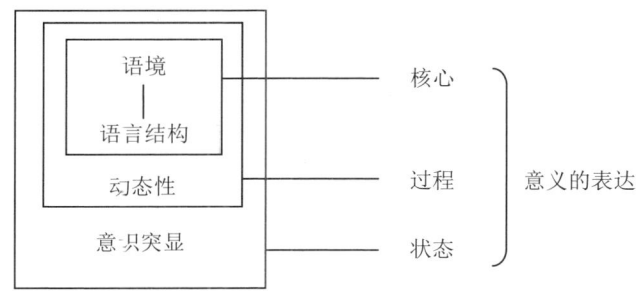

图2-2 语言顺应的相关语境因素、语言结构、动态性和意识突显的相对位置和作用

从图2-2可以看出，四个因素在描写语言交际与顺应的过程中所处的位置和发挥的作用有所不同。语境（context）和语言结构（structure）紧密相关，相互依存，构成了顺应过程的核心（locus）。相关语境因素对正在进行的交际会产生或多或少的影响，这些因素被交际者在交际中激活并发挥各自的作用。不相关的因素虽然客观上也存在于交际者的周围或头脑中，但是并没有被交际者激活，所以也就不会对交际产生影响。另外，被激活的语境因素并不是一成不变的，它们通常会随着交际的深入或"与时俱进"，或"隐退出局"：当新的话语出现时，当交际者增加或减少时，当交际场景发生变化时，新的语境就产生了，而有些曾发挥过作用但不再影响交际的因素又可能变得无足轻重而不再是语境的一分子。这就是说，语境也会随着交际过程的展开和延伸发生一定的变化，所以语境与语言结构是相辅相成、相互顺应（interadaptability）的。总之，交际语境是交

---

1 J. Verschueren: *Understanding Pragmatics*, Beijing: Foreign Language Teaching and Research Press, 2000: 67.

际者有意或无意"选定的",而且是随着交际者的思想和交际过程的发展而变化的。因此,动态性(dynamics)是语境和语言结构的基本属性,实际上也是整个语言顺应过程的特征。如图2-2所示,整个语言顺应过程都处于意识突显的"管辖"之下,意识突显方向或程度的不同会对顺应的过程带来直接的影响,因此它可以被视为一个能够感觉到但却看不见、摸不着的宏观"操盘手"。

2.2 语用综观论在普通交际研究中的运用

我国学术界在引进和运用维索尔伦的语用综观论方面非常积极,早在20世纪90年代初,广州外语外贸大学钱冠连(1990,1991)就发表数篇文章,介绍了维索尔伦的元语用理论和语用综观论;之后,何自然(1999)和其他语用学者也撰文对语用综观论进行了比较全面而详细的介绍和评述(戈玲玲,2001,2002;宋志平,2004;李占喜,2004,2007;杨俊峰,2005;曾文雄,2010)。也有学者在引介这一理论的同时,对语用综观论与斯铂佰、威尔逊(D. Sperber, D. Wilson, 1986a)所创立的语用关联理论(Relevance Theory)之间的关系进行了探讨,提出了"关联—顺应""顺应—关联""合作—关联—顺应"等理论模式,具有一定的创新性,为语用综观论的研究注入了活力。[1]

与理论研究相比,我国学者和研究者更热衷于把这一新型理论运用于对现实语言交际进行研究和分析,撰写和发表了大量的文章和著述。我们可以从下面这些数据看出这些研究的概况。笔者以"顺应论"为文章篇名搜索词在中国知网(CNKI)进行搜索,发现2001至2016年发表的文章和学位论文共有1361篇,除去介绍性文章及纯理论研究25篇,其余1335篇都是研究实际普通语言交际和翻译的,其中与翻译相关的研究有572篇,对实际普通语言交际(包括教学和跨文化交际)进行研究的文章和学位论文共有763篇,数量之大可见一斑。对普通语言交际的研究和探索主要是从以下几个角度进行的:第一个角度是运用语用综观论研究汉语语言现象,包括某些汉语句式、结构、修辞、言语策略等的语用研究,如反问句、"被"字句、"是否"句、隐性否定、隐喻、不礼貌言语,等等(李婷,2006;冉永平,方晓国,2008;何熠,2009;单谊,戴劲,2013;仇云龙,

---

[1] 龚龙生:《顺应论与口译研究》,合肥:安徽大学出版社,2011:55-56。

2015）。以冉永平和方晓国（2008）发表于《现代外语》杂志上的文章《语言顺应论视角下反问句的人际语用功能研究》为例。作者以语用综观论为指导，对汉语反问句的人际语用功能进行了探讨，对反问句在不同心理、社交等因素的影响下顺应的情况进行了详细的分析，特别是对各种人际关系顺应的分析，进一步揭示了反问句"无疑而问"的动态性人际功能，指出反问句的顺应性就是其功能性的语境体现。

第二个角度是运用语用综观论研究和分析英语中的语言现象，包括文学和影视作品中的语言表达、新闻报道中的语言技巧、广告语、模糊语言、英语修辞，等等（林玫，2008；冯展极、鞠晶，2010；张艺文，2013；王悦鸣，2015；程禹茜，2016）。程禹茜（2016）的硕士学位论文《顺应论视角下英文汽车广告语"不合作"现象探究》中的研究和分析方法值得一提，作者既使用了其他许多研究者常用的研究路径，同时也有自己的特点——从交际者违反会话合作原则四个准则（Grice，1975）的角度分析其对心理世界的顺应，是将会话合作原则与语用综观论结合起来进行研究的有益尝试。

第三个角度是以语用综观论为指导对比同类语境或语篇中英语和汉语在语言上的顺应，如法庭、电视节目、新闻报道、情景喜剧等（陈剑敏，2011；姚吉刚，2013；曾丽艳，2015；刘艳娇，2016）。在法庭话语研究方面，陈剑敏（2011）在《山东社会科学》上发表的《顺应论视阈中的中英法庭话语研究》一文，从法庭话语类别出发，对庭审中法庭的特殊语境、话语参与者的言语角色、认知心理及文化背景等方面进行了分析，指出这些语境因素决定了法庭话语顺应的大方向，并对中国和西方法庭话语的顺应策略加以探讨。对深入了解和认识中西法庭语言的异同和法庭语言的特点有一定帮助。

第四个角度是运用语用综观论探讨（汉英）语码转换的顺应特点，这方面的研究也不少，近15年有47篇文章和学位论文——除总体论述，还涉及包括网络语言、课堂教学语言、计算机用语、广告语言等在内的具体领域的语码转换（张秀颖，2007；李艳，2010；郝思瑶，2011；程伟，2013；张亚男，2013）。在这些文章和学位论文中，对各种网络交流形式中语言的汉英语码转换的研究是一个重点，重要的原因当然是网络交际中语码转换现象俯拾即是。研究者通过分析收集的大量网络交际语言实例，普遍认为语用综观论能够恰当地解释网络交流中语码转换的原因:"交际者使用语码转换主要是对语言现实、社会规约的被动顺应和对心理动机、网络交际环境的主动顺应。"[1]

第五个角度是把语用综观论运用于教学研究与实践,近15年这方面的文章和学位论文有60多篇,不仅涉及外语教学,也涉及其他学科和课程的教学,既有讨论语用综观论的教学价值的研究,也有探讨如何利用这一理论提高学生语用意识的文章,还有以这一新型理论解析和探寻具体教学方法的努力(张金荣,2006;李占喜,2009;彭宣红、戴日新,2012;何萍、陈谱顺,2012;刘信波,2015)。学者们有一个共识,即语用综观论可以从两大层面对教学产生积极的影响:第一个层面是教师、学生和教学,第二个层面是教学过程。在第一个层面,老师要顺应学生的具体情况,学生也要顺应自己的老师,而老师和学生都要顺应课程的教学。在第二个层面,教师在课程规划、教材选用、教学方法设计、课程考核等诸方面都应该尽量顺应学习该课程的学生。何萍和陈谱顺(2012)在《顺应论在翻译教学中的应用》一文里,从顺应论的四个研究角度对学生顺应意识的培养进行了探讨,认为"在课程设计、教师行为和教学环境中渗透'顺应'的理念有助于打造理想的翻译教学基础,建立良好的师生互动,塑造学生的顺应'潜意识',提高翻译教学质量"[2]。

第六个角度是运用语用综观论分析实际交际和跨文化交际活动中的语用失误,近15年共有文章和学位论文30多篇,除少数几篇是研究文学作品或影视作品里人物对话中的语用失误外,其余大多数都是日常交际方面的研究,特别是跨文化交际中语用失误的研究(季新,2008;许春晶,2009;张耘,2011;武学亮,2012;朱雅丽,2014)。这些研究从语用综观论的角度,对中国人与西方英语国家人士跨文化交际中常见的问题进行了剖析,有的研究对所做问卷调查中反映出来的语用失误加以分析,认为这些失误或是没有很好地顺应交际参与者的状况,或是没有恰当地顺应交际语境中的心理、社交和物理世界,或是没能正确地顺应某些层面的语言语境,如语音语调、词汇、语法或言语行为等。在分析语用失误原因的基础上,研究者通常会就跨文化交际中如何做到恰当的语用顺应提出一些

---

1 程伟:《基于顺应论的网络交际语码转换现象分析》,《山东外语教学》,2013,153(2):44。
2 何萍、陈谱顺:《顺应论在翻译教学中的应用》,《教育学术月刊》,2012(11):107。

建议，这对经常或即将参与跨文化交际的人有一定帮助。

当然，除了上面列举的六个研究角度，还有一些研究是以语用综观论探讨其他方面或领域中的语用问题，例如语用身份构建、跨文化交际能力、商务谈判等，不过这些研究相对较少，因此这里就不一一介绍了。

2.3 语用综观论在翻译研究中的运用

首先，让我们看看维索尔伦本人对这一语用理论运用于翻译研究的看法。他说："与其说翻译是语言使用的独特类型，莫如将其看作一种交际活动，与其他以言行事的活动有很多共同之处；所以，语用综观论不仅可以用于研究一般意义上的语言使用，而且对认识翻译现象大有好处。翻译与其他语言使用形式之间存在着一个连续体，也就是说，任何人使用语言都存在着某种意义上的翻译。"[1] 显而易见，维索尔伦对语用综观论运用于翻译的研究与实践是持肯定态度的。上一节提到，当笔者以"顺应论"为文章篇名搜索词在中国知网进行搜索时发现了大量运用语用综观论对语言交际进行研究的学术论文。除了研究实际普通语言交际和跨文化交际，也有很多学者将这一理论运用于翻译研究。近15年发表在学术期刊上的文章和学位论文的数量多达570多篇，如果再加上论述这一论题的专著那就更多了，显示出我国学者对运用该理论研究翻译理论和翻译实践的极大兴趣。

我国一些学者对语用综观论适用于翻译研究和实践的原因进行了探讨，认为该理论的综观论框架及其动态选择——顺应的具体理论模式对于分析与解释翻译的语境和翻译的过程十分恰当、有效，为翻译研究开辟了一条崭新的路径，对打开我国翻译研究的新局面将起到积极的推动作用。宋志平（2014）认为："语用综观论全面考虑语言在认知、社交和文化中发挥功能的复杂性，将其纳入连贯统一的框架，这种'提出问题——解决问题'的模式、观点和目的与翻译研究过程十分类似，具有很大的通融性。在翻译研究正需要一种能综观一切因素的视角，以将语言、社会、认知等尽纳其中，从而全面提高翻译理论的描写解释力的

---

[1] 宋志平：《翻译选择与顺应过程的语用综观》，上海：上海浦江教育出版社，2014：35。

时候，语用综观论及支持该框架研究的选择顺应论正好为之提供一个有意义的角度。"¹我国其他许多学者也发表过类似的观点（李锦，廖开洪，2005；何自然，2007；李占喜，2007，2014）。

国内运用语用综观论对翻译的研究总体上呈现出多角度的态势，较为集中的研究包括翻译语境理论研究、译者主体性研究、翻译语境顺应研究、具体领域文本翻译中的语言顺应研究、口译译者顺应研究、海峡两岸及港澳翻译对比研究等。下面，笔者将对这几类研究逐一加以介绍。

首先是翻译语境理论的研究，我国不少学者沿着语用综观论的路子对此进行了比较全面和深入的思考和分析，近15年已发表了40多篇文章和学位论文，丰富和完善了翻译语境理论研究（胡庚申，2004；李运兴，2007；刘玲，2007；曾文雄，2010；宋志平，2014）。在研究中，学者们对翻译语境的特殊性进行了分析，认为翻译语境比普通（跨文化）交际语境更加复杂，因为它涉及的交际角色和因素更多——普通交际通常只有发话者和释话者两个主要角色，偶尔会涉及旁听的人，而翻译却有作者/发话者、译者、读者/释话者三个主要角色，而且翻译赞助者或委托人也常常会扮演一定的角色，语境涉及的面也宽泛得多。书面翻译更是如此，包括作者写作时的语境、作品或文献的语篇语境、译者翻译时的语境和读者所处语境，这相当于增加了跨文化交际的难度。有学者在语用综观论的启发下将翻译语境分为心理世界、外部世界和语篇世界（李运兴，2007）。心理世界是指译者内化于心的思想意识、价值倾向、宗教信仰、思维模式、翻译目的等因素，也包括译者在翻译的过程中进行的心理推理活动；外部世界是指客观世界中存在的各种社会文化因素，如政治、经济体制、传统习惯、人际关系、交际规范等；语篇世界包括原文语篇语境和译文语篇语境，前者是由原作者已生成的作品或文献的内容构成的语境，后者是译者正在通过翻译构建的语境，而要造就成功的翻译作品就需要译者通过自己的心理世界顺应外部世界和语篇世界。

其次是参照语用综观论对译者主体性进行的研究。这方面的探讨进行得比较全面和深入，研究者也大有人在，这与译者是翻译活动的中心不无关系（宋志平，2004；胡庚申，2004，2007；杨蒙，2006；刘建刚，2007；曾文雄，2007，

---

1 宋志平：《翻译选择与顺应过程的语用综观》，上海：上海浦江教育出版社，2014：21。

2010)。在作者（口译中是发话者）—译者（对于发话者/信息源也是听者，对于信息最终接受者也是发话者）—读者（口译中是听者）三元关系中，译者显然处于中心位置，这不仅仅是指三者排列的中间位置，更重要的是指译者在产生译文过程中的重要性。学者们认为，虽然维索尔伦的语用综观论并未将翻译作为其研究的重点，但这一理论为译者主体性研究提供了很好的思路，使译者主体性在翻译活动中的突出地位得以彰显。笔者在介绍翻译语境理论研究时提到，翻译活动的语境十分复杂，除了三个主动或被动参与翻译活动的角色/主体，还有原文语篇语境、译文语篇语境、原作者写作时所处语境、译者翻译时所处语境、读者解读译文时可能产生或存在的语境等。在翻译的过程中，这些纷繁复杂的语境因素都得靠译者来"统筹"和"消化"，也可以说是加以解析和利用，或者说恰当地顺应，才能够在译文中很好地体现出来，从而产生成功的译文语篇。学者们对这一点的认识十分清晰。如曾文雄（2010）认为："译者作为翻译过程的认知主体，是主体间性、客体间性和主客体间性的交结点和驱动力，在整个翻译网络的建构中起关键的作用。因比，译者不仅仅是一般的协调人（mediator），而是处在整个文化翻译过程的中心地位，他通过文化意识突显（salience）来获得翻译过程中的互文性和顺应性，继而进行翻译选择，以产出最佳的译作。"[1]

国内对语用综观论的大部分研究聚焦于各种类型的源语材料的翻译上，研究最多的类型包括文学和影视作品、广告、旅游和外宣资料、科技文献、政治、经济和外交文本等。近15年各类研究成果多达数百篇/部，研究的模式大都是用语用综观论分析从翻译作品或材料中收集的例句和段落，对译文顺应翻译语境各种因素的情况进行解析（王俊超，曾利沙，2006；梅晓娟，周晓光，2008；叶苗，2009；周娟，2010；张春敏，2010；任坤坤，2013；张云飞，2014；王婵，2014；吴薇，2015）。很多研究者从其研究领域中收集了大量的第一手资料，从定量和定性两个方面对实例加以研究和分析，并竭力从中寻求顺应的规律。研究者普遍认为，对于具体领域或具体类型文本的翻译，译者从选择翻译材料和研究文本产生的历史语境到考虑翻译赞助人或委托者等翻译过程间接参与者的意见，再到揣摩读者或话语接受者的心理状态，都必须经过一系列的动态顺应过

---

[1] 曾文雄：《翻译的文化参与：认知语境的互文顺应视角》，上海：华东师范大学博士学位论文，2010：43。

程。梅晓娟和周晓光（2008）在研究利玛窦西学译著的选材和翻译策略时认为："利玛窦西学译著的选材顺应了明末中国知识分子的内在需求，翻译策略的选择又顺应了中国文化传统。他的西学译著因而受到中国知识阶层的广泛欢迎。在中国翻译史和中西文化交流史上占有重要的一席之地。"[1]有的研究还有一些独到之处，例如王俊超和曾利沙发表于《上海翻译》2006年第1期的文章《多模态网购商品推介英译的目的：顺应论原则——以淘宝网裙类商品推介英译的实证研究为例》，采用经验归纳与理论阐释、定性分析和实证研究相结合的研究方法，在顺应理论指导下探讨"多模态网购商品推介"语言的翻译原则，通过对比分析中英网购女裙推介语言特征及信息结构的异同，提出了"多模态网购商品信息英译的实化和虚化策略"以及一系列辅助性准则，在运用语用综观论的研究中颇具新意。在已经开展的对各行各业语料翻译的研究中，也有一部分没有选择某一个具体的范畴或领域，研究中的翻译实例来源较广，但研究的路线大同小异，基本上都是讨论和分析所引翻译例子顺应非语言语境（主要是"三个世界"）和语言语境的情况，或从语用综观论的四个研究角度（语境因素、顺应的语言结构、顺应的动态性、顺应过程中的意识突显）对翻译的过程加以分析（戈玲玲，2001；丁辉，2005；卓新光，王晶，2007；周慧芳，2007；杨惠英，2012）。

口译也是我国学者运用语用综观论研究的重点之一，近15年发表的专题研究文章和学位论文也有40余篇，研究的方法与书面翻译的研究既有相似的地方，也有不同之处。相似之处主要表现在对语用综观论所述交际语境和语言语境顺应的分析上，不同点体现在对口译跨文化交际语境特殊性的探索及其顺应上（马霞，2006；朱姗，2010；蒋瑛，2011；王悦，2011；何京蔓，2014）。由于口译是交际参与者在现场面对面的对话，而现场的语境千变万化，交际者的心境和情态也可能随着谈话的展开和深入跌宕起伏，译者也不可能有较多的时间对译语反复琢磨，因此口译翻译与书面翻译有很大的差别，对译者的要求也非常之高。研究者们在著述中有一个比较统一的认识：语用综观论对口译研究非常适合，特别是顺应的动态性现论，对口译实践中变化莫测的情况具有很强的解释力。马霞（2006）在发表于《中国翻译》杂志上的《口译：选择、协商与顺应——顺应论

---

[1] 梅晓娟、周晓光：《选择、顺应、翻译——从语言顺应论角度看利玛窦西学译著的选材和翻译策略》，《中国翻译》，2008（2）：26。

的语境关系在口译中的应用》一文中表达的观点很有代表性："口译是在特定的语境里一种复杂的交际行为,用目的语表达源语的交际过程是一个动态发展的过程,从始到终都处于变化之中。在不同的语境下,因顺应的意识程度不同而影响着人们对口译语言的选择……"[1]

运用语用综观论对海峡两岸及香港、澳门的翻译进行对比的研究也有一些,其中研究生学位论文尤其多,大多数研究聚焦于电影片名、商品名称、科技术语以及其他专有名词翻译的比较,也有一少部分是比较西方文学作品的汉译,研究成果有一定参考价值(陈红,胡清平,2007;李英,2010;陈素珍,2013;翁燕,2013;陈怡,2013)。海峡两岸及香港、澳门翻译的对比通常是在大陆与港澳台之间,或大陆与港台、大陆与台湾之间进行,港澳台三地之间的比较很少。就这方面的研究者而言,大陆的居多,港澳台的较少,不过近年港澳台这方面的研究有增加的趋势。大陆与港澳台的翻译之所以有可比性,是因为语言和方言或大或小的差异和人们语用习惯的不同,同时也有政治、经济和社会文化的影响。海峡两岸及香港、澳门英译汉的问题正是笔者在这里研究的专题,将在下面几章从几个方面详细讨论。

另外,还有一部分运用语用综观论的翻译研究没有归入上述类别,如修辞翻译的专题研究、幽默翻译的专题研究、翻译语用失误的专题研究等(王丽娜,2007;李玮,2013;雷晓峰,田建国,2014)。这些研究对拓宽语用综观论应用研究的路子、丰富和发展我国的翻译研究都起到了有益的作用。

---

[1] 马霞:《口译:选择、协商与顺应——顺应论的语境关系在口译中的应用》,《中国翻译》,2006(3):53。

3

大陆和港澳台地区英汉翻译非语言语境的顺应

3
大陆和港澳台地区英汉翻译非语言语境的顺应

港澳台的宏观和微观交际语境各有特色，具体语境因素/成分包括"概念化的习惯"（conceptualization habits）和"社会化的过程"（socialization processes）。[1] 海峡两岸及香港、澳门各具特色的交际语境深刻而广泛地影响着人们的语言使用，形成了各具特色的话语模式，语言表达方式特色鲜明。正因如此，在进行外译汉的时候，译者就不得不认真考虑各个地区的文化因素，从心理世界、社交世界、物理世界以及语言语境等各个方面尽力顺应各个地区的社会文化语境，使译文忠实地再现原作者/说者的原意，满足译入语或目的语读者/听者的期待。语境可以分为语言语境和非语言语境，语用综观论中的"三个世界"属于非语言语境，本章先从这三个角度来审视翻译过程中的顺应情况。由于香港和澳门都属于粤文化，民间大都使用粤语，英译汉的表达近似，而且澳门各领域英译汉基本上参照香港的译本，因此笔者在本书所有章节的分析和译文对比中大都将这两个地区视为一体，统称"港澳"。

3.1 心理世界方面的顺应

维索尔伦（Verschueren，2000）在语用综观论中所说的"心理世界"包括两个方面，即认知因素（cognitive elements）和情感因素（emotive elements）。[2] 偏向于认知的具体心理因素包括信仰、意识形态与价值观、动机与企图等，而偏向于情感的心理因素包括性格、感情、欲望或愿望等。交际参与者在交际的过程中会顺应对方的心理世界，甚至还要考虑旁听者或旁观者的心理状态。其实，对心理世界的顺应也就是对交际参与者的顺应，也可以说是发话者对释话者、释话

1　J. Verschueren, *Understanding Pragmatics*, Beijing: Foreign Language Teaching and Research Press, 2000: 251.

2　同上，第87—90页。

者对发话者的顺应。就翻译而言，译者在翻译过程中选择语言表达时需要顺应的心理世界更为复杂，既包括原作者/发话者的心理因素，也包括读者/听者的心理状态，还要照顾翻译赞助人或委托方等方面的想法和感受，这样翻译出来的译文就自然受到上述因素的影响。虽然心理因素繁多，但是可以通过一些英汉翻译实例来辨析大陆与港澳台译者在翻译策略的选择以及译语表达方面的异同和顺应情况。

3.1.1　意识形态及思想观念方面的顺应

意识形态和思想观念是人们在社会中通过耳濡目染、长期熏陶自觉或不自觉形成的比较固定的心理态势，一旦形成就很难改变，只有在强有力的外力作用下才有可能发生变异。正因如此，人们倾向于接受符合自己意识形态和思想观念的东西，反感甚至拒绝有悖于自己意识形态和思想观念的东西。不言而喻，如果译为目的语的译文与一个社会的主流意识形态和思想观念相左，人们就不买账甚至加以批评和鞭笞；反之，人们会欣然接受甚至热烈欢迎与自己意识形态和思想观念吻合的翻译作品。这样，译者（有时包括赞助人和委托者）就达到了预期的翻译目的。实例2和实例3均来自王力鹏（2019）[1]的文章，此二例来自美国人彼得·海斯勒所著《江城》（*River Town: Two Years on the Yangtze*，2001）的两个译本。大陆译者是李学顺（上海译文出版社，2012），台湾译者为吴美珍（台湾久周文化出版社，2006）。（本书中所有以编号方式列举的港澳台翻译实例的文字为规范起见均使用简体字。）

实例2：
英语原文：In Chinese, the Korean War is known as the "**War of Resistance Against the Americans and in Support of the Koreans**."
大陆译文：中国人把朝鲜战争叫做"**抗美援朝**"。
台湾译文：在中文里，韩战被说成"**反抗美国人，支持韩国人的战争**"。（王力鹏，2019：48）

---

[1] 王力鹏：《彼得·海斯勒〈江城〉无本回译浅析》，《广西教育学院学报》，2019，159（1）：46-51。

实例3：
英语原文：**The Great Taiping Rebellion** was started in the mid-1840s by Hong Xiuquan, a poor man from Guangxi province.
大陆译文：伟大的**太平天国运动**始于19世纪40年代中期，发起者是来自广西的一个穷苦人，名叫洪秀全。
台湾译文：**太平军叛乱**是在一八四〇年代中期，由洪秀全发起的，他是一个来自广西的穷人。（王力鹏，2019：48）

在上面两个例子中，大陆和台湾译文的差异就是由两岸译者不同的意识形态和政治观念引起的。先讨论实例2。对于大陆而言，20世纪50年代初中国被迫参与的朝鲜战争，是为了帮助朝鲜人民抗击以美国为首的所谓联合国军对朝鲜半岛的侵略、为了保卫祖国安全的正义战争，我们历来称之为"抗美援朝"（战争）。这一称呼既是官方的表述，也是中国人民的心声，因此大陆译者直接使用这一说法不但完全符合大陆的常规，而且完美地顺应了大众心理。台湾译者把"the Korean War"译成"韩战"，把"War of Resistance Against the Americans and in Support of the Koreans"译为"反抗美国人，支持韩国人的战争"。译者没有使用现成的"抗美援朝"一词，显然是有意而为之。究其原因，其一可能是因为台湾民众并不熟悉大陆的这一说法，其二应该是译者认为"抗美援朝"这样的表述带有政治色彩，台湾民众不一定喜欢。因此，台湾译者采用一种解释性的翻译，以淡化其政治含义。另外，"the Koreans"被译成"韩国人"，未免产生歧义，因为"韩国"以前通常指"南朝鲜"，这与内地"抗美援朝"中"朝"一词的含义相去甚远。

实例3英语原文中的"rebellion"本来是一个中性词，但译文却反映了两岸译者对同一历史事件的不同认知。太平天国运动在大陆历来被视为一场伟大的农民起义，是劳动人民反抗封建王朝残酷剥削和压迫的抗争，对推动封建制度在中国的灭亡起到了极大的作用。基于这一认识，大陆译者把"The Great Taiping Rebellion"译为褒义的"伟大的太平天国运动"是符合情理的。因为这一表达与大陆人民对这一历史事件的认识完全吻合，反映了人们的思想意识，顺应了人们的真实心理。同一事件台湾译者的译文"太平军叛乱"明显带有贬义，体现了台湾的主流意识——他们并不认为太平天国运动具有多么大的历史进步意义，所以对其评价也就不太高，甚至将其视为一次"叛乱"——影响正常社会秩序的暴力运动。台湾译者的这种译法并非仅仅是译者个人之见，而是台湾地区的大众意识，实际上也顺应了本地民众的心理，也是符合翻译规律的。

关于意识形态或思想观念与交际活动的关系，在《语用学新解》一书"篇章与思想意识"一节中，维索尔伦（2000）认为："交际事件或交际现象在宏观层面上很难与被称为'意识形态'的活动过程截然分开。"[1]我们也可以从社会政治心理定义的角度来观察意识形态对翻译的影响："社会政治心理指的是在一定的政治制度、政治思想等影响下产生，它的形成与一定的社会政治和经济制度、人们的道德观、价值观和审美观等都有密切联系。社会心理作为一种语境，必然会对语言产生一定的制约。这种影响不仅反映在语言的表达上，也会反映在对言语的理解上。"[2]翻译是一种语言交际活动，当然也会受到社会政治心理的影响，只不过这种影响牵涉的方面比较多，包括原文作者/说者的心理、作者写作原文或说话时所处社会的社会心理、译者的心理、翻译赞助人或委托方的心理、读者/听者的心理等。当然，就翻译的目的而言，最重要的是需要考虑译文读者或听者的社会心理。应该说，实例2和实例3的大陆和台湾译者各自采用的翻译策略都认真考虑了自己所处地区的社会心理因素，基本顺应了本地区读者思想意识形态这一社会心理因素。下面一例取自王力鹏（2019）同一篇文章。

实例4：

英语原文：That was one reason I had decided to come to China with **the Peace Corps**.

大陆译文：那也是我决心跟着"<u>美中友好志愿者</u>"来到中国的原因之一。

台湾译文：这是我决定跟着<u>和平工作团</u>来到中国的一个理由。（王力

---

[1] J. Verschueren: *Understanding Pragmatics*, Beijing: Foreign Language Teaching and Research Press, 2000: 237.
[2] 周明强：《现代汉语实用语境学》，杭州：浙江大学出版社，2005：155。

鹏，2019：49）

美国的Peace Corp是20世纪60年代初成立的一个志愿者组织，其宗旨是通过去他国义务服务的志愿者向其他国家的人民介绍美国文化，促进美国与他国人民之间的友好关系。这个组织于1993年在中国正式开始活动，最初的译名是"和平队"，但这个称谓总给人一种生僻的感觉，仿佛这是来做政治宣传的队伍。1998年，在《中华人民共和国政府与美利坚合众国政府关于在中国实施美国志愿者项目的协议》[1]中将其称为"美国志愿者项目"，之后民间就把通过该项目来中国义务工作的美国人称为"美中友好志愿者"。与前一个称呼相比，第二个称呼里不但有"美"方还有"中"方，而且添加了"友好"一词，听起来更加和睦和悦耳。大陆译者翻译上面这句话采用这一表达是顺理成章的，既与官方的说法一致，本身又顺应了民众的心理。台湾译者翻译Peace Corp时就没有太多的政治考量，也没有必要参照官方的说法。译名"和平工作团"即是台湾民众熟悉和愿意接受的表达。

实例5：

英语原文："...I allowed the word '**God**' to remain at the end of a line. I could not help it!" He added almost indignantly, raising his face to look at Winston. "It was impossible to change the line. The rhyme was 'Rod'..."

大陆译文："……我没有把最后一句诗的最后一个字'**神**'改掉。我没有办法！"他几乎气愤地说，抬起头来看着温斯顿。"这一行诗没法改。押的韵是'杖'。"（董乐山，2010：214）

港台译文："……而我在一行原诗的韵脚保留了'**上帝**'一词。这实在没办法呵！"他几乎有点气愤不平地补充说，抬头看着史密斯，"这一行不能改的，因为原韵是'棍棒'。"（刘绍铭，2010：220）

1　中华人民共和国外交部：《中华人民共和国条约集　第四十五集　1998》，北京：世界知识出版社，1999：529。

上面这一例取自英国作家乔治·奥威尔的小说《一九八四》的两部译本，大陆译者是董乐山，港台译者为刘绍铭。两位译者将原文中的"God"分别译为"神"和"上帝"，顺应了各自地区民众的心理。内地的基督徒通常称"God"为"神"，牧师布道也经常使用这个称呼；而港台基督徒和民众惯常使用"上帝"来指称西文中的"God"，这对他们而言更加自然。总而言之，两位译者都恰当地顺应了本地区的社会心理语境。

维索尔伦（Verschueren，2000）认为："思想意识的表达看似杂乱无章，其实有规可循，因为它一方面是（对在文化身份构建过程中发挥作用的社会和语言规范的）本能意识的体现；另一方面也是一种有目的的（试图掌控自己的未来和对方的现在的）行为。"[1] 就译者而言，对包括信仰在内的社会政治心理的顺应有时是无意识的，而有的时候又是有意识的，但当遇到十分敏感的词句时翻译的顺应往往是有意识的，上面这些例子很好地说明了这一点。

下一例选奥巴马2009年发表的美国总统就职演说：

实例6：
英语原文：... with eyes fixed on the horizon and **God's grace** upon us（引自奥巴马2009年美国总统就职演说，2009-01-20）
大陆译文：我们脚踏实地、心怀**信仰**（引自中国网，2009-01-21）
台湾译文：眼睛注视着远方，上帝的恩典降临我们（引自天涯社区网论坛，2009-01-21）

由于社会制度和意识形态等原因，港澳台地区受西方文化的影响较大，其中也包括宗教的影响。人们对基督教和天主教的了解自然也更深入。因此，台湾译者把奥巴马演讲中的"God's grace"直接译成"上帝的恩典"符合当地人的心理状态和心理需求。在大陆人们虽然大都知道上帝，也有不少基督徒和天主教徒，但绝大多数人对西方宗教和上帝没有多少感觉。因此，大陆译者将"God's

---

[1] J. Verschueren: *Understanding Pragmatics*, Beijing: Foreign Language Teaching and Research Press, 2000: 238-239.

grace"转译为"信仰"是为了顺应大陆读者的社会心理。

再举一个与思想观念有关的例子：

实例7：
英语原文：Memorial Day
大陆译文：阵亡将士纪念日
台湾译文：国殇日
香港译文：亡兵节

每年5月的最后一个星期一是美国的"Memorial Day"，这个纪念日是悼念美国在历次战争中战死的军人，是美国人展现爱国精神的一个节日。这个节日在大陆译为"阵亡将士纪念日"，听起来极其庄严，容易激起人们对英雄的崇敬和对国家的热爱之情，与大陆的主流观念一致，很好地顺应了大陆人的社会心理。美国的"Memorial Day"被台湾人称为"国殇日"，给人一种举国哀伤的感觉，情感色彩十分浓厚，正好符合台湾人多愁善感、情感外露的心理和性格特点。香港把这个纪念日译成"亡兵节"可能让大陆人觉得不够庄重，台湾人觉得缺少情感，但却反映了香港人回归前的真实心态——国家感不够强，当兵打仗即一种职业而已，阵亡者纪念日与中国的清明节大同小异。简而言之，美国的这个纪念日，在大陆、台湾和香港分别有三种不同的译法，在一定程度上反映了这三个地区的社会心理。

3.1.2 期望及心理需求等方面的顺应

电影、游戏、故事等名称的翻译在海峡两岸及香港、澳门差别很大，同样一部电影、一款电子游戏和一个故事的名称，在大陆、台湾和港澳常常被译成三个完全不同的名字。译名的差别虽然有其他一些原因，但观众、玩家或读者的心理往往是译者在翻译中重点考虑的要素，而港澳台译者对消费者的消费心理常常会特别关注。先看看英语电影名称的翻译情况：

表3-1 英语电影名称大陆、台湾及港澳中文译名

英语原名	大陆译名	台湾译名	港澳译名
Kiss of the Dragon	龙之吻	龙，我们接吻吧！	猛龙战警
Great Hope Springs	大希望温泉	性福特训班	爱情回春
Magic Mike	魔力迈克	舞棍俱乐部	光猪舞壮士
X Men Origins: Wolverine	金钢狼	X战警：金钢狼	变种特工：狼人外传
Terminator Salvation	终结者2018	魔鬼终结者4：未来救赎	未来战士2018
Love Actually	真爱至上	爱是您爱是我	真的恋爱了
The Hangover Part II	宿醉2	醉后大丈夫2：醉加一等	醉爆伴郎团2
Harry Potter and the Sorcerer's Stone	哈利·波特与魔法石	哈利波特——神秘的魔法石	哈利波特——神秘的魔法石
Along Came a Spider	蛛丝马迹	追踪吧我的小马子	血网追凶
Chocolate	巧克力	浓情巧克力	情迷朱古力
The Mummy	木乃伊	神鬼传奇	盗墓迷城
Pretty Woman	漂亮女人	麻雀变凤凰	风月俏佳人
A Christmas Carol	圣诞颂歌	圣诞夜怪谭	魔幻圣诞颂
The Proposal	假结婚	爱情限时签	求婚的恶魔
Bridesmaids	伴娘	伴娘我最大	最爆伴娘团
Despicable Me	卑鄙的我	神偷奶爸	坏蛋奖门人
Gladiator	角斗士	神鬼战士	帝国骄雄
Desperate Housewives	绝望主妇	欲乱绝情妻	靓太唔易做
The Grinch	圣诞怪杰	鬼来了	圣诞怪杰
Legally Blonde	律政俏佳人	来吧律师小妹	律政可人儿

应用举例：

实例8：

英语电影名：*Love Actually*

大　　陆：**《真爱至上》**——我超爱的一部影片。（引自新浪网新浪博客，2010-08-01）

台　　湾：《爱是您爱是我》隔14年拍续集。（引自台湾东森新闻网，
2017-02-16）

港　　澳：电影《真的恋爱了》有一些特别讨人喜欢的角色。（引自香
港文汇网，2014-01-03）

实例9：

英语电影名：*Pretty Woman*

大　　陆：电影《漂亮女人》的15个真相（引自360doc个人图书馆网，
2015-03-26）

台　　湾：希望《麻雀变凤凰》能拍续集，但始终没有下文。（引自台
湾中时电子报网，2017-03-06）

港　　澳：《风月俏佳人》名导病逝。（引自香港文汇网，2016-07-
21）

实例10：

英语电影名：*The Mummy*

大　　陆：《木乃伊》是由环球影业制作并发行，斯蒂芬·索莫斯执
导，布兰登·弗雷泽、蕾切尔·薇姿等主演的动作片。（引
自搜狗网搜狗百科，2017-04-18）

台　　湾：看过电影《神鬼传奇》的人，除了对戏中的木乃伊感到惊奇
之外……（引自台湾民视网，2017-02-10）

港　　澳：年轻人喜爱的《盗墓者罗拉》和《盗墓迷城》等系列影片，
也是翻沙《夺宝奇兵》的精粹。（引自香港文汇网，2008-
06-01）

表3-1所列20部英语电影片名及海峡两岸及港澳的译名虽然不算多，但是具有一定的代表性。从总体上看，大陆的翻译比较正统，大都采用直译策略，译名字面意思与英语原名基本吻合，如*Kiss of the Dragon*，*Great Hope Springs*，*Magic Mike*被分别译为《龙之吻》《大希望温泉》《魔力迈克》。台湾和港澳的

翻译倾向于使用意译策略，给人一种随心所欲的感觉，从译名的字面意义往往难以判断出英语原名，如同样三部影片在台湾被译为《龙，我们接吻吧！》《性福特训班》《舞棍俱乐部》，在港澳被译为《猛龙战警》《爱情回春》《光猪舞壮士》。还有一个显而易见的特点就是港澳台译者在翻译电影片名时喜欢使用比较花哨、夸张和带色情意味的词语，如"猛龙""血网""魔鬼""神鬼""性福""回春"。

大陆和港澳台影视片译名的特征差别如此之大、如此之有规律当然是有原因的。根本原因之一就是译者在翻译影视片名时千方百计要顺应当地电影观众的心理，即顺应观众的期望与心理需求。无论是大陆还是港澳台，影视片名翻译的目的根本上就是给潜在的观众以深刻的印象，将他们吸引到电影院或促使他们购买影碟。这就是说，译名要有一定的吸引力，抓住人们眼球，使其动心并做出去看电影或购买影碟的决定——这与一般商品致力用名称打动消费者并无两样。这里不同的是，受不同社会文化的熏陶，大陆人与港澳台同胞的价值观、审美观、生活观以及由此产生的心理期望和心理需求并非完全一样。大陆译者翻译的影视片名对大陆人来说是比较恰当的，可以接受的，但假如使用完全相同的影片译名在其他香港、澳门、台湾做宣传，很可能收效甚微。这不难理解，因为在港澳台，人们的思想比较开放，追求自由自在、追求新奇和刺激是主流心态，对于与性相关的言语也没有大陆人那么避讳，而港澳台译者翻译的片名正好符合当地人们的思想观念，满足了他们的心理期望和需求。

其实，电子游戏名称的翻译呈现出的特色与影视片名可以说是异曲同工。请看下面的实例：

实例11：
英语原名：*Street Fighter*；*Metal Gear*；*Solid Starcraft*；*Warcraft III*
大陆译名：《街霸》《合金装备》《星际争霸》《魔兽争霸3》
港台译名：《街头大乱斗》《特种兵之秘密潜入》《人虫神之战》《人兽鬼魔之战3》

实例12：
英语原名：*Half Life*；*Mirror's Edge*；*Far Cry*；*Rival Knights*
大陆译名：《半条命》《镜之边缘》《孤岛惊魂》《骑士对决》
港台译名：《战栗时空》《靓影特务》《极地战嚎》《决斗骑士》

从上面这些例子可以看出，大陆译者在翻译电子游戏名称时同样以直译为主，而港台译者则以意译为主，而且后者还喜欢使用一些比较刺激的词语，如"神""鬼魔""靓影"，这自然也是为了顺应当地游戏玩家们的心理期望。

大陆不少研究者对海峡两岸影视片名翻译中存在的差异提出了批评：大陆影视片的翻译拘泥于直译，过于呆板；而港澳台的影片译名又往往离题，过于夸张，色情字眼泛滥，还认为这会导致影视片名的混乱，给两岸及港澳人们的交流带来困难（岳峰，2000；包惠南，2003；刘莉，2008；万蓓，2012）。但是，也有一些学者并不这样看（王锦堂，2008；张春莉，2010；李英，2010；陈怡，2013；杨璇，2014）。张春莉（2010）认为："中国大陆、香港、台湾地区由于文化背景、政治制度、思维习惯等不同，在电影片名翻译标准、策略上都存在差异。不能单纯地来评判哪个地区的翻译方法是最佳译法。三地的翻译从整体上来说，较为适应当地译语观众的需求。另一方面，近年来两岸三地的片名翻译也在相互影响。港台译名越来越具审美性，而内地也常常借鉴港台的译名或翻译方法。在信息全球化的今天，三地译者应该进一步互相借鉴、取长补短，以期对整个中国电影翻译界的发展做出贡献。"[1] 杨璇（2014）认为："……根据功能翻译理论，判断翻译质量的首要标准是'适宜性'。"[2] 笔者亦同意他们的观点，因为无论是从功能翻译理论还是顺应论的角度来看，翻译的结果是否恰当不应该只从任何一家的角度来观察，而需要相对地看；也就是说，可以运用文化相对论的观点来审视。如若译名顺应了目的语接受者，功能上也与原文对等或基本对等，能够达到预期的目的，那译名就应该被认为是恰当的，当然也是成功的；反之亦然。既然大陆和港澳台译者所翻译的影片译名大都顺应了各自地区人们的

---

[1] 张春莉：《两岸三地影片名翻译异同刍议》，《作家》，2010（2）：175。
[2] 杨璇：《功能翻译理论视角下英文电影片名的翻译——大陆与香港翻译版本的对比研究》，《河北联合大学学报》，2014（3）：133-136。

期望和心理需求，成功地吸引人们成为电影观众或影碟购买者，达到了宣传的目的，那些翻译过来的译名就应该被视为成功的翻译。至于极少数由于译者翻译水平不高而产生的劣质译名，每个地区都可能有，但不属于我们这里讨论的重点，应另当别论。

海峡两岸及港澳对外国商品和从西方引进的物品名称以及不少常见事物名称的翻译也存在不少差异，这在很大程度上也与心理因素的顺应相关。我们以下面这些物品和事物名称的翻译为例进行探讨（见表3-2）。

表3-2　物品和事物英语名称大陆、台湾及港澳中文译名

英语名称	大陆译名	台湾译名	港澳译名
cheese	奶酪	奶酪	芝士
film	胶卷	胶卷/菲林	菲林
shampoo	洗发液/洗发水	香波	香波
Head & Shoulders	海飞丝	海伦仙度丝	海伦仙度丝
OLAY	玉兰油	欧蕾	/
Whisper	护舒宝	好自在	护舒宝
Oral-B（电动牙刷）	欧乐-B	欧乐-B	/
Pringles（薯片）	品客	品客	/
bikini	（女士）泳装/比基尼	比基尼	比坚尼
miniskirt	超短裙	迷你裙	迷你裙
vitamin	维生素	维他命	维他命
(trade) mark	商标	品牌	唛
stamp	邮票	邮票	士担/邮票
motor	电动机/马达	马达	摩打
Benz	奔驰	奔驰	平治
Camry	凯美瑞	冠美丽	/
taxi	出租车	计程车	的士
store	杂货店	杂货商店	士多
laser	激光	镭射	激光
size	尺码	尺码/size	晒士

应用举例：

实例13：
英　　文：film
大　　陆：**胶卷**相机怎样使用？（引自百度网百度经验，2016-01-06）
台　　湾：近年摄影圈的焦点重投在**菲林**相机。（引自新浪网台湾微博精选，2016-06-27）
港　　澳：旧式**菲林**机等仍然原封不动。（引自澳门广播电视网，2016-12-24）

实例14：
英　　文：vitamin
大　　陆：**维生素**是一系列有机化合物的统称。（引自360百科网）
台　　湾：台湾作家刘墉要来杭州：我的演讲像糖果，好看好吃还有**维他命**。（引自浙江新闻网，2017-04-06）
港　　澳：有机果蓉……含丰富**维他命**及膳食纤维。（引自香港文汇网，2017-02-21）

实例15：
英　　文：Benz
大　　陆：……**奔驰**汽车就成为汽车工业的楷模。（引自360百科网）
台　　湾：**奔驰**一月销售创新高。（引自台湾中时电子报网，2017-02-25）
港　　澳：一级方程式俄罗斯站，**平治**车手保达斯李得冠军。（引自澳门广播电视网，2017-04-30）

就翻译的方法而言，大陆译者翻译外国商品或从西方引进的物品等名称时，通常采用意译的手法，即倾向于归化的翻译方法，如cheese，film，shampoo分别译为"奶酪""胶卷""洗发液"；港澳台的译者喜欢音译外国商品和从西方引进的物品的名称,即倾向于异化的翻译方法,如film,motor,laser分别译为"菲林""马达/摩打""镭射"。相比之下,港澳译者比台湾译者更喜欢使用音译的手法,如将cheese,(trade)mark,taxi,store,size分别译为"芝士""唛""的士""士多""晒士"。港澳同胞还经常直接借用外语来指称外国商品和从西方引进的物品,表3-2所列举的20个实例中就有OLAY,Oral-B,Pringles,Camry四例。当然,翻译商品和物品名称的这些规律并非一成不变,有时候大陆译者也会采用音译,如Pringles,Camry分别译为"品客""凯美瑞";而其他地区的译者翻译时也采用意译,如cheese,Whisper在台湾分别被译为"奶酪""好自在";Whisper,stamp在港澳分别被译为"护舒宝""邮票"。不过,从总体上看,大陆和港澳台在翻译这类名称时通常会体现出前面所提到的规律。

  译者翻译外国商品和从西方引进的物品名称时之所以使用各自的翻译策略,重要的原因仍然是为了顺应各地区民众不同的心理状态。正如之前讨论所提到的,港澳台三地虽然中华文化根深蒂固,但受西方文化的影响较大,西方英语国家文化的影响更是显而易见。因此,这些地区的人在心理上更容易接受带"洋味"的东西,所以译者采用音译甚至不译而直接使用原名这样的异化策略也就在情理之中。不过,港澳和台湾也有所不同——港澳经常直接使用外国商品和物品的英语名称,而台湾由于受日本文化影响,经常按日语发音翻译日本生产的商品以及来自日本的物品。从目前的情况看,随着大陆经济及对外贸易的发展和思想的逐渐开放,人们也较过去易于接受带有"洋味"的商品及物品名称,除了上面表中的Oral-B,bikini等名称外,还有人们平时所熟悉的由McDonald's,Kentucky,Sam's Club音译过来的"麦当劳""肯德基""山姆(会员店)"等。

  总而言之,各地的翻译工作者在把国外的各种信息、资料、影视作品和游戏名称、商品及物品名称等翻译成中文时,通常都会考虑自己所处地区人们的社会心理状态,考虑译文是否符合人们的主流意识形态和思想观念,是否能够达到或满足人们的心理期望和需求,是否能够被大众接受。大陆与港澳台在译文上的差异正是海峡两岸及港澳人们社会心理差异的形象写照,真实地反映了大陆与港澳台之间事实上仍然存在的思想和心理差异。

3.2 社交世界方面的顺应

"社交世界"是维索尔伦(Verschueren,2000)在其著作《语用学新解》中所列交际语境中"三个世界"之一,其内容包罗万象、涉及各种社会因素,其中"大多数都与社交场合及社会体制的特征相关"[1],主要包括称呼与称谓、权力与服从、交际背景与社交规范、主文化与亚文化、族群与言语社团、宗教与社会阶层、教育背景与职业、性别与亲缘关系,等等。维索尔伦(2000)指出:"文化及其衍生出的社会规范和价值观,一直都是语用学领域研究者们研究语言选择时经常提及的社交世界的相关因素。"[2] 而"从原则上说,与语言选择构成相互顺应的社会因素的范围是无限的"[3]。由于社会因素的关系,人们的话语和言词常常会受到各种限制,如有些话只能在某种特定的场合才能说,而且得由特定的人来说,一般的人不能说,或者说了也无济于事。翻译活动是一种特殊的语言交际形式,同样也会受到社交世界的制约。影响翻译过程的社会元素多种多样,其中包括原作产生时和原作中所描述的社会和历史状况、原作者的社会背景、译者所处社会的各种文化因素、赞助者或委托人提出的有关要求或可能在意的社会文化因素、目的语读者所处社会的各类文化因素,等等;如果是口译,还要考虑现场与社会文化相关的情况,如在什么场合(例如是会场还是某人的办公室或家里),正式还是非正式(例如是外交或商务谈判还是日常生活),翻译是对个人还是对群体(例如是二人会谈还是演讲),释话者是什么样的群体(例如是单一族群还是混合族群),有没有旁听的人(例如旁听者与话题相关的程度如何),目的语听者是什么身份(例如是知识阶层还是街头商贩),性别以及年龄,等等。这些与社会文化相关的因素都可能对译者产生某种程度的制约和影响,使他们在翻译的过程中不得不顾及左右,尽最大的努力去"迎合"或顺应相关的社会文化因素,让自己的译文被目的语读者或听者接受。下面我们将从几个角度来探讨社会文化元素对翻译造成的影响。

---

1 J. Verschueren: *Understanding Pragmatics*, Beijing: Foreign Language Teaching and Research Press, 2000: 91.
2 同上,第92页。
3 同上,第91页。

3.2.1 称呼与称谓方面的顺应

除了少数称呼与称谓[如汉语中的"你/你们""我/我们""他/他们",英语中对应的you,I(me)/we(us),he(him)/they(them)]使用时通常不带特别或明显的社会文化含义(特殊用法除外),汉语和英语中大多数称呼与称谓都明显带有一定的社会文化色彩。如汉语中的"鄙人""您""贵方""老李";英语中的you guys(你们),madam(女士/夫人),ladies and gentlemen(女士们、先生们)。称呼和称谓所具有的这种社会属性既有助于人们交际的顺畅,同时也不时会给交际带来一些问题和困难。比如本应该用尊称称呼他人而没有用就可能引起对方的反感,又如有的人故意使用比较正式的称呼来与不喜欢的熟人保持一定的距离。也正是由于称呼和称谓的社会意义,译者在翻译过程中遇到它们时就得特别小心谨慎,有时候需要反复推敲称呼和称谓在原文和译语中的含义,以便寻找最佳对等意义。由于历史发展和社会文化状况不尽相同,海峡两岸及港澳人与人之间的称呼和称谓也有所不同。例如,"爱人""哥们儿/姐们儿""服务员"之类的称呼在港澳台很少有人使用,"同志""师傅""老板"这些在大陆用来表示泛指的通称在港澳台指称的人群要小得多;而港澳台仍在使用的"吾等""彼等""鄙人"等比较古旧的称呼在大陆日常生活和交往中早已不见踪迹。这些差异导致大陆和港澳台的译者在翻译外语的称呼与称谓时选用不同的表达,以顺应各自地区人们的实际情况,使翻译成中文的称呼或称谓在本地人看来自然而恰当。下面举例加以分析(见表3-3):

表3-3 英语称呼与称谓大陆、台湾及港澳的中文表达

英语称呼/称谓	大陆表达	台湾表达	港澳表达
I	我	我/鄙人	我/鄙人
we	我们	我们/吾等	我们/我哋
you	你/您/你们	你/您/你们/彼等	你/您/你们/你哋
father/dad (dy)	爸爸/老爸	爸爸/爹地	daddy/老豆(粤)
grandpa	爷爷/外公	阿公	阿爷/阿公/公公
grandma	奶奶//外婆/姥姥	阿嬷	嫲嫲/阿嬷/阿婆/婆婆
uncle (father's eldest brother)	大爸/大伯父	老哒	大伯(父)

续表3-3

英语称呼/称谓	大陆表达	台湾表达	港澳表达
uncle (father's youngest brother)	小爸/幺爸	岁爸	细伯
aunt (father's eldest sister)	大妈/大姑（妈）	老妈	大姑妈
aunt (father's youngest sister)	小妈/小姑（妈）	岁妈	小姑姐
wife	爱人/妻子/老婆	太太	老婆
husband	爱人/丈夫/老公	先生	老公
his/her son	他/她儿子	他/她儿子//少爷	他/她儿子//少爷
his/her daughter	他/她女儿	他/她女儿//小姐	他/她女儿//小姐
lady/miss/madam (young or middle-aged)	女士	女士/女生	女士/女生
lady/miss/madam (old)	奶奶/婆婆	阿婆	阿婆
gentleman	男士	男士/男生	男士/男生
(little) boy/girl	（小）孩子	查某子/查浦子	小朋友
sir/miss (police officer)	警官（不分男女）	长官/警员先生	阿Sir（男）//Madam//Miss（女）
sir/miss (taxi driver)	师傅/司机	司机/运将	司机（先生）
sir/miss (waiter/waitress)	服务员//小伙子/小妹/大姐	先生/小姐//waiter waitress	阿哥/阿姐/阿妹//waiter waitress
sir (任何职业的陌生男性)	师傅/老板/老师/先生/同志/根据年龄也可以称"大叔""大哥"等	先生/根据年龄也可以称"阿叔""阿哥"等	先生/阿Sir/根据年龄也可以称"阿叔""亚哥"等
miss (任何职业的陌生女性)	师傅/老板/老师/同志/根据年龄也可以称"阿姨""大姐"等	女士/小姐/根据年龄也可以称"阿姨""阿姐"等	小姐/太太/madam/根据年龄也可以称"阿姐""亚姐"等

应用举例：

实例16：

英　　文：grandpa

大　　陆：**爷爷**为帮邻居拴8岁孙子从五楼吊下……（引自网易新闻，

2017-03-28）

台　　湾：帮住院**阿公**拿用品，孝孙无照骑车撞公交车丧命。（引自台湾东森新闻网，2017-04-27）

港　　澳：找左（咗）个免供退保先啦，我**阿爷**等得好心急。（引自香港文汇网，2016-11-24）

实例17：

英　　文：(little) boy/girl

大　　陆：父母和**孩子**应该是什么关系？（引自搜狗网搜狗问问，2013-10-11）

台　　湾：台湾艺人孙翠凤：勇敢的**查某子**MV（引自新浪网台湾微博精选，2012-10-31）

港　　澳：家长应该要看管好**小朋友**，不要太依赖救生员。（引自澳门广播电视网，2017-04-30）

实例18：

英　　文：taxi driver

大　　陆：**出租车师傅**兴许是在玩真心话大冒险……（引自豆瓣网，2014-08-01）

台　　湾：**运将**酒驾被抓了7次，还借牌上路载客。（引自台湾东森新闻网，2017-04-15）

港　　澳：……以解**的士司机**燃眉之急。（引自香港文汇网，2017-04-28）

称呼与称谓名目繁多，上面表格中所列出的只是比较常用的；而且由于各地区之内（特别是大陆）对同一类人的称呼和称谓也存在不同程度的差别，因此这里列出的说法仅仅是比较大众化和有一定代表性的表达，但这些已经可以说明我们正在讨论的问题。首先，就I/me，we/us，you这类称呼而言，港澳台在比较正式的场合有时候还会使用"鄙人""吾等""彼等"这些在大陆已经基本消失的说法，港澳民间也经常使用"我哋""你哋"这类带有方言色彩的表达。所以，当港澳台的译者翻译这类常用称呼时，他们可以根据情况选择当地人熟悉的称呼，以便更好地顺应当地的目的语读者或听者。下面是另一个实例[1]：

实例19：

英语原文：If **you** fail to meet your obligations to **me/us** pursuant to this agreement, **I/we** shall have a right to claim under the Compensation Fund established under the Securitiers Ordinance subject to terms of the Compensation Fund from time to time.（引自熊涛，2001：85）

香港译文：倘**阁下**没有依照本协议书的规定履行对**本人/吾等**的责任，**本人/吾等**有权向根据《证券条例》成立的赔偿金索赔，惟须受赔偿金基金不时的条款制约。（引自熊涛，2001：85）

在这一例中，香港译者可以把you翻译成"阁下"，将us和we译为"吾等"，香港人对此习以为常，因为在他们看来这才是礼貌称呼；但是，如果内地译者以完全相同的称呼来翻译英语原文中对应的称呼语，内地的目的语读者肯定会感到十分诧异，认为译者是故作姿态。因为在内地类似"阁下"这类词语现在只用来称呼级别很高的官员，而"吾等"这样的说法仅仅存在于古文或半古文之中。英语第二人称单数you在内地现代汉语中对应的说法通常是"你"或"您"，第一人称复数we/us对应的比较正式的称呼是"我们"，北方口语中可以用"咱们"。

两岸及港澳对家人和亲属的称呼与称谓差别也不小，如父亲在大陆通常被子女称为"爸爸"或"爸"，北方也有很多地方称之为"爹"，通用的昵称是"老爸"或"老爹"。在台湾，父亲的昵称通常是"爹地"，在香港和澳门常常叫"老豆（窦）"，也有不少港澳家庭的子女直接使用英文dad（daddy）称呼父亲。大陆称呼的"奶奶"在港澳台常常是"嫲嫲/阿嫲"，大陆的"大爸/大伯父""小爸/幺爸""大妈/大姑（妈）"在台湾通常是"老哒""岁爸""老

---

[1] 熊涛：《香港英语合同中文译文的特点》，《国际经贸探索》，2001（2）：85。

妈"，而在港澳却是"大伯（父）""细伯""大姑妈"；特别是大陆的"小妈/小姑（妈）"，到台湾变成了"岁妈"，而到了港澳又成了"小姑姐"，很容易引起误解。然而，对于各地区的译者而言，他们是非常熟悉自己所处地区的人对家人和亲属的各种称呼和称谓的，所以在翻译中碰到这类用作称呼的词语时一般都会选用本地通用的称呼或称谓来翻译对应的外语词汇，以顺应本地区相关社会文化规范。例如在动画片《功夫熊猫》里，内地版将英文dad翻译为"爸爸"，港澳版将其译为"老豆"就是英译汉顺应我国不同地区的实例。

丈夫和妻子相互之间的称呼和称谓也不尽相同，许多大陆人（特别是受教育程度较高者）仍然用"爱人"指称自己的丈夫或妻子，在比较正式的场合介绍自己的配偶时也使用"丈夫"或"妻子"，但在日常生活中经常称对方"老公"或"老婆"（特别是南方）。台湾地区的人无论什么阶层和职业，指称配偶通常喜欢使用"先生"和"太太"，但在比较随意的场合和某些群体中偶尔也可以听到"老公"和"老婆"的叫法。在香港和澳门，人们大都以"老公"和"老婆"称呼自己的丈夫和妻子。我们知道，西方英语国家丈夫和妻子相互之间通常都是称呼对方的小名，或使用honey，dear，darling等比较亲昵的词语，把丈夫或妻子介绍给别人时一般就用husband或wife这两个词。在翻译英语的相关表达时，大陆和港澳台的译者需要根据各自文化区域人们的习俗，考虑源语发话人和目的语释话者的社会身份及状况，将原文恰当地译出。例如，在台湾通用的"先生"和"太太"二词当下在大陆并不是人们介绍自己配偶的常用称谓，所以大陆译者在翻译中就应该考虑这一现实情况，在尊重原文的基础上，将作为称谓使用的husband和wife这两个英语词语，译为符合大陆社会风俗习惯的中文词语。

关于"同志""师傅""老板""老师"这类在大陆曾经或仍在使用的通称，迄今已有很多研究和讨论，涉及这些词语英汉互译的文章也不在少数，这里不再赘述，笔者仅以餐馆服务员的称呼的翻译为例谈谈看法。英语文化中对餐馆服务员的称呼过去通常直接叫waiter或waitress，但现在大多数人都觉得这样叫有些失礼，所以改用sir称呼男性服务员，用miss称呼女性服务员；当然，也有许多人什么称呼都不用，只用Excuse me引起服务员的注意就行了。这种不使用称呼仅用惯用语引起餐馆服务员注意的方法也是我国大陆和港澳台食客常用的办法。不过，使用某种称呼语也很常见，但差别较大：大陆比较通用的称呼是"服务员"，但也时常听见"小伙子""大姐""小妹"等比较随意的叫法，广东地区还有"靓仔/帅哥"和'靓女/美女"这样的称呼。台湾人在餐馆叫服务员最常用的表达是"先生"和"小姐"，有时也直接使用英文waiter或waitress。港澳同胞对餐馆服务员常见的称呼是"阿哥""阿姐""阿妹"等，均带有地方语言色彩；不过，与台湾同胞一样，港澳人有时也直接使用英文waiter或waitress，而且使用的频率也更高。不管是大陆还是港澳台的译者，翻译这类称呼时都不会随心所欲，而是根据具体的交际语境做出正确的判断，选择恰当的翻译策略和方法。例如，即便源语中只用了Excuse me，而没有使用任何具体的称呼语，译者也不一定照搬，译成中文时或许使用某种称呼语更好，因为这样可能更符合中国人的习惯。再有，由于两岸及港澳对餐馆服务员的称呼本身存在较大的差异，因此英语中的称呼译为中文时往往也有所差别，所以各地译者在翻译中通常都会依据本地的社会文化习俗，让译文顺应本地区的社交世界。

下面再以大陆、台湾和港澳的翻译实践为例讨论一下对某些特殊群体的称呼。

实例20：

英语原文：... we believe that the American dream is big enough for everyone—for people of all races and religions, for men and women, for immigrants, for **LGBT people**, and **people with disabilities**.（引自希拉里美国总统竞选败选演说，2016-11-09）

大陆译文：……我们相信美国梦大到可以容纳下每一个美国人——不论来自什么种族，不论有着怎样的信仰，不论是男还是女，不论是不是移民，不论是不是**同性恋或是变性者**，不论是不是**残疾人**，美国梦是每个人的美国梦！（引自新浪网，2016-11-10）

台湾译文：……我们相信美国梦属于所有人，属于所有种族、所有宗教，属于男性，也属于女性，属于移民、属于**LGBT群族**，属于**残疾民众**，属于每一个人。（引自台湾苹果日报网国际

中心，2016-11-09）

港澳译文：……我们相信，美国梦足够宏大，能够为所有人共享。无论种族、宗教、性别，无论你是移民，**LGBT人士**还是**残疾人士**，你都可以拥有这份美国梦。（引自香港卫视网，2016-11-10）

LGBT是首字母缩略词，每个字母代表一个单词（复数）：L—lesbians（女同性恋者）；G—gays（男同性恋者）；B—bisexuals（双性恋者）；T—transgenders（变性者）。首先，港台公众对这个英语缩写词比较熟悉，因此港台译者采用不译而直接借用这个英语表达的策略是可行的；但大陆绝大多数群众并不熟悉这个英语缩写词，因此大陆译者对其进行翻译也无可厚非；其次，港台译者在译文里直接使用这个英语缩略词还有避讳的作用，似乎这样更符合港台的社会文化语境，后面再加上"群族"或"人士"就显得更加礼貌。港台译者翻译people with disabilities时也使用了"民众"和"人士"，同样能够起到缓和语气的作用。相对而言，在大陆的社会文化语境下，直接用"同性恋""变性者""残疾人"来指代这些特殊的群体并无不妥——至少目前是这样。所以，无论是港台译者还是大陆译者，在翻译西方社会对上述特殊人群的称谓时，总体上都顺应了各自地区的社会文化语境。

称呼与称谓是社会中人际关系在语言中的反映，不同的称呼或称谓有时仅有一字之差，但隐含的社会意义或人际距离却往往有天壤之别，一不留心就可能引起误解甚至怨恨，造成交际困难甚至失败。但是，称呼和称谓是翻译工作者难以绕开的问题，而两岸及港澳之间这方面的差异需要各地译者在翻译相关话语时格外小心，既忠实于原文，又顺应各自地区的语言文化常规，使译文准确而自然。

3.2.2 政治、经济及社会体制方面的顺应

大陆与港澳台在政治、经济制度和社会体制等领域存在较大的差别，管理的理念和方式也不完全相同。权力部门的结构和运作方式，官方的政策、法规与各种规章都有所差别。这些大大小小、林林总总的差别都给翻译工作带来不同程度

的影响。因为本地译者在翻译相关文本或材料时都必须顾及当地政治、经济制度和社会体制等领域的实际情况,使译文顺应当地的社会文化语境,在目的语中表达出原文的意思。下面来分析一个取自美国前总统奥巴马2009年美国总统就职演说的实例:

实例21:

英语原文:They saw America as bigger than the sum of our individual ambitions; greater than all the differences, than birth, wealth or **faction**.(引自奥巴马2009年美国总统就职演说,2009-01-20)

大陆译文:在他们(美国的先辈们)看来,美国的强盛与伟大超越了个人雄心,也超越了个人的出身、贫富和**派别**差异。(引自中国网,2009-01-21)

台湾译文:他们将美国视为大于所有个人企图心总和的整体,超越出身、财富或**小圈圈**的差异。(引自天涯社区网论坛,2009-01-22)

在实例21中,faction被内地译者译为"派别",这是比较恰当的,因为它顺应了大陆的文化语境——由于历史的原因,大陆人对"派别"一词比较熟悉,即便是年轻一代,对此也略知一二。台湾译者将faction译为"小圈圈",这是台湾地区当下比较流行的说法,带有一点口语的色彩,常常用来指政治上观点相同、相互支持的一些人,也可以指日常生活中看法一致,具有排他性的小团体。例如:"黄昆辉回应内阁改组:仍是马英九小圈圈"(凤凰网新闻标题,2013-02-02)"Wiwi的E-mail小圈圈要跟原本的发信服务公司……分手了"(台湾WiwiStudio网,2015-01-20)。因此,这一译文顺应了台湾的政治文化语境。

实例22:

英语原文:The Secret Service people(引自特朗普美国总统竞选胜选演说,2016-11-09)

大陆译文：特勤安保人员（引自翻译达人网，2016-11-11）
台湾译文：密勤局（引自台湾苹果日报网国际中心，2016-11-09）
港澳译文：特勤局（引自经典网/香港媒体，2016-11-10）

在这里，美国的同一个保护总统竞选人员安全的政府机构the Secret Service被大陆、台湾和香港三地译成了三种不同的说法。大陆和香港译者都使用了"特勤"一词，但大陆没有清楚地译出机构的名称；台湾译者翻译的名称是"密勤局"。这样的翻译模式跟各地对这种安保机构或组织的传统称呼是一致的，因此三地译者的译文分别顺应了各地区的语境。

在经济领域的各个行业，两岸及港澳的专业术语和技术用语既有完全或基本相同的，也有部分或完全不同的，同一个概念或同一种东西在大陆和港澳台经常有不同的叫法；有时候还不仅仅是名字不同，可能概念和东西本身也有所差别。有鉴于此，译者在翻译经济方面的材料或文件时就有必要有的放矢，使译文表达符合本地区语境，使用本地的惯用语或常规说法。请看表3-4：

表3-4　英语经济与金融术语内地与港澳中文表达

英语术语	内地译文	港澳译文
macroeconomics	宏观经济学	总量经济学
microeconomics	微观经济学	个体经济学
economic development	经济增长	经济成长
corporate culture	组织文化	企业文化
intellectual property	知识产权	智慧产权
contract	合同	契约
underwriter	承销商	包销商
property developer	开发商	发展商
land premium	土地（出让）金	地价
property tax	房产税/财产税	物业税
discharge of a debt	解除债务	清偿债项
large cap stock	大盘股	大型股
odd lot	零股	碎股

续表3-4

英语术语	内地译文	港澳译文
profit sharing	分红	盈利/利润摊分
tied up	套牢/被套住	被缚/大闸蟹
deposit	押金/保证金	按金
directors' fee	董事费/董事报酬	事袍金
large position reporting system	大户报告制度	大额持仓申报制度
entity's risk assessment process	被审计单位的风险评估过程	被审计/审核单位/实体的风险评估过程
date of the financial statements	财务报表日	财务报表（的）日期
experienced auditor	有经验的审计师	有经验的核数师
firm	会计师事务所	事务所/核数公司
inherent risk	固有风险	固有风险/内在风险
misstatement	错误	错误陈述/误报
access controls	访问控制	访问控制

应用举例：

实例23：

英　　文：economic development

内　　地：制度的建立与完善是**经济增长**的前提。（引自百度网百度经验，2014-05-14）

港　　澳：受到通货再膨胀交易、全球**经济成长**大环境……驱动（引自香港文汇网，2017-05-02）

实例24：

英　　文：property developer

内　　地：中国十大房地产**开发商**。（引自百度网百度知道，2013-09-04）

港　　澳：**发展商**密锣紧鼓推荐盘。（引自香港文汇网，2017-05-02）

实例25：
英　　文：discharge of a debt
内　　地：<u>解除债务</u>的破产人（引自百度网百度知道，2015-09-27）
港　　澳：以及该会没有未<u>清偿债项</u>……（引自香港文汇网，2010-05-02）

表3-4列出了一些经济、房地产、股市和审计方面的英语术语，内地和港澳的大多数相对应的译文不尽相同，有的差别很大，容易引起误解或使人难以理解。如property tax，directors' fee在内地的译文分别是"房产税/财产税""董事费/董事报酬"，而在港澳的译文却是"物业税""事袍金"。经济领域术语翻译的这些差异经常会给内地和其他地区相关人员以及希望了解有关情况的投资者造成困难，对于那些刚刚涉足这些行业的新手更是如此。但是，这些差异在各地区最初翻译这些外来术语时就产生了，而后传承下来，长此以往已经根深蒂固，很难变动。不过，对于西方新产生的经济术语，在大陆经济蓬勃发展的今天，两岸及港澳的译者和专业人士或许可以相互协商，尽量采用基本一致的中文表达。

两岸及港澳在企业管理方法、社会运作方式等方面各具特色。这些差异会自然而然地影响人们的思维和语言表达，产生不同的专业术语和说法。因此，大陆和港澳台的译者在翻译这些领域的资料和信息时，需要对照各自地区已有的表达和说法，选择本地通用的词语进行翻译，顺应本地的社会文化语境。

3.2.3　文化传承与社会规范方面的顺应

我们这里所说的"文化传承与社会规范"并没有严格区分，主要是指前两个方面没有涉及的社交世界的其他方面，包括风俗习惯、日常生活、文学艺术、体育及娱乐活动等。这些领域民间交流多，有关信息或资料不像政治、经济、外交等那么敏感。当然，这也不是绝对的，例如药品资料的翻译。译者如果不慎译错，患者把A药物当成B药物，或对药物的功能和副作用不甚了解，轻者延误治疗，重者导致患者病情加重或出现生命危险。与其他领域信息和资料的翻译一样，两岸及港澳的译者在翻译涉及民间风俗习惯、日常生活、文学艺术、体育及娱乐活动等方面的材料时，也需要结合各地区的社会文化语境，在语言的选择上做到最佳顺应。这里先以美国上一任总统奥巴马2009年就职演讲中一个词的翻译为例。

实例26：
英语原文：**Our minds** are no less inventive, our goods and services no less needed than they were last week or last month or last year.（引自奥巴马2009年美国总统就职演说，2009-01-20）
大陆译文：**我们的头脑**依然富于创造力，我们的商品和服务依然很有市场，我们的实力不曾削弱。（引自中国网，2009-01-21）
台湾译文：**我们的心智**一样创新，我们的产品和劳务和上周或上个月或去年相比，一样是必需品。（引自天涯社区网论坛，2009-01-22）

"头脑"与"心智"二词是同义词，但意义上有细微差别，前者重点在思考和认识能力，聚焦眼前；后者着眼于长期养成的聪明和智慧，强调一贯性。从文体上讲，"心智"一词比较正式，而"头脑"一词稍显口语化。大陆译者这里选用了一个不太正式的词，而台湾译者选择的却是比较正式的词。这主要是不同的使用习惯造成的——除非十分强调内在的本性，大陆人通常用"头脑"这个词表达相关的意思；而台湾人无论是正式还是非正式场合都比较喜欢用"心智"一词来表达类似的意思。如此看来，两地的译者都很好地顺应了本地的语言和文化语境。

陈洁（2013）在《翻译生态环境对译本语言的影响——对比〈暮光之城·破晓〉大陆译本和台湾译本》一文中列举的两个实例正好属于我们这里讨论的范畴[1]。

实例27：
英语原文：For a brief second, I was distracted by **the profusion of white**

---

[1] 陈洁：《翻译生态环境对译本语言的影响——对比〈暮光之城·破晓〉大陆译本和台湾译本》，《吉林广播电视大学学报》，2013，142（10）：70-72。

blossoms that wasn't alive.（引自陈洁，2013：71）

大陆译文：顷刻间，我注意到房子里所有没有生机的东西上都挂满了<u>花冠，绽放着白色的花朵</u>。（出处同上）

台湾译文：有那么瞬间，我被房间里每个角落都挂满<u>白色花圈的一片花海</u>给分了心。（出处同上）

实例28：

英语原文：Edward stood in front of the stainless steel stove, sliding an omelet onto the light blue plate waiting on **the counter**.（引自陈洁，2013：71）

大陆译文：爱德华站在不锈钢炉子前面，把一个煎蛋卷轻松地抛到<u>灶台</u>上的淡蓝色盘子上。（出处同上）

台湾译文：爱德华站在不锈钢炉子前，把一个蛋卷铲进放在<u>流理台</u>上的浅蓝色盘子里。（出处同上）

就实例27而言，大陆译者把the profusion of white blossoms转译为插满白色花朵的"花冠"，而台湾译者将其译为白色的"花圈"，这显然与两地的风俗习惯有关。"花圈"在内地一般指献给死者表达哀思、大小不同的圆圈型花环，大都以白色为底，配以少量其他颜色，粘贴或镶嵌在上面的花通常是纸做的假花，偶尔用鲜花，而且花圈的中心位置常常写有"奠"字。这个词在大陆很少用来指其他东西。相反，由于长期受西方文化的影响，"花圈"一词现在在台湾可以用来指普通的花环，颜色鲜艳，用途也比较多，如可用于家庭装饰（常常挂在门上或墙上），恭贺工厂开工和商店开业，等等。显而易见，台湾译者翻译时选用"花圈"没有违背台湾的文化现状，而大陆译者使用"花冠"一词自然也是为了顺应大陆的风土人情。

实例28涉及counter一词的理解和翻译，在原文中意指厨房里处理食物的台面。大陆译者选用的中文词语是"灶台"，台湾译者使用了"流理台"这个词，这是因为这两个词语分别是大陆和台湾日常生活中的常规表达。"流理台"（也称"料理台"）一词通用于台湾，但是大陆几乎没有人使用，笔者就从未听见过周围任何人使用过，只不过近年大陆进口台湾的家具有时直接借用台湾的这个说法。与上一例一样，两地译者在翻译counter这个英文词语的时候顺应了各自地区的文化语境。

实例29涉及街道和城市名称的翻译，实例30是国家名称的翻译，均与不同地区的翻译惯例有关：

实例29：
英语原名：Hollywood Road，Waterloo Road，Bank of Montreal
内地译名：好莱坞大道、滑铁卢大道、蒙特利尔银行
港澳译名：荷里活道、窝打老道、满地可银行

实例30：
英语原名：Tunisia，Saudi Arabia，New Zealand，Tonga，Vanuatu
内地译名：突尼斯、沙特阿拉伯、新西兰、汤加、瓦努阿图
港澳译名：突尼西亚、沙地阿拉伯、纽西兰、东加、温纳图

虽然内地和港澳在翻译这些国名和地名时基本上采用音译，但对英语原名发音的取舍和处理不一样，对英语语音的模仿也不尽相同：有的名称内地的翻译更接近原音，而有的港澳的翻译更接近原音。例如，Montreal和Vanuatu的译名内地分别翻译为"蒙特利尔"和"瓦努阿图"，比港澳翻译的"满地可"和"温纳图"听起来更像原名的发音；但Tunisia和Saudi Arabia这两个国名的翻译港澳的"突尼西亚"和"沙地阿拉伯"比内地的"突尼斯"和"沙特阿拉伯"更接近原名的发音。同语言不同地区翻译地名出现这些特点的原因很多，如方言的影响（如"荷里活道""窝打老道""满地可"）、文化传承（如外国地名中的英语词New在港澳常常被译为"纽"）等，当然也是为了顺应本地人的语言习惯。

表3-5中所列英语日常生活用语在内地和港澳的中文译文可以再次说明这三个地区的翻译顺应本地语言习惯的现象。

表3-5 英语日常生活用语内地与港澳中文表达

英语表达	内地表达	港澳表达
packed lunch	盒饭	饭盒
enroll	录取	取录
guest	客人	人客
crowded	拥挤	挤拥
already	已经	经已
scarf	围巾	颈巾
school assignment	作业	习作
boiled water	开水	滚水
blackboard eraser	黑板擦	粉擦
murderer	凶手	杀手
child	小孩	小童
eggplant	茄子	矮瓜
sewing machine	缝纫机	衣车
switch	开关	电制
partner	伙伴	拍档
safe	保险柜	夹万
present/gift	礼物	手信
handbag	手提包	手袋
soul mate	知己	死党
terminal (station)	终点站	尾站
swim	游泳	游水
interview	面试	见工
nervous	紧张	肉紧
lucky	幸运	好彩
anytime	随时	分分钟

应用举例：

实例31：

英　　文：enroll

内　　地：2017年高考**录取**时间（引自高考网，2017-03-30）

港　　澳：四校联考并非唯一**取录**学生的方式。（引自澳门广播电视网，2017-03-30）

实例32：

英　　文：already

内　　地：朝鲜声称**已经**做好战争准备。（引自腾讯网腾讯新闻，2017-04-12）

港　　澳：**经已**有190人接受培训。（引自澳门广播电视网，2017-04-21）

实例33：

英　　文：interview

内　　地：**面试**常见问题（引自面试网，2017-04-17）

港　　澳：考试、比赛、**见工**、被师长责怪、患病等，都可以令人感到紧张。（引自香港文汇网，2017-04-03）

表3-5中大多数常用语中文里原本就有表达相同或相似的词语，译者翻译时只需要找到对应的词语，如英语的guest，boiled water，eggplant分别对应内地的"客人""开水""茄子"和港澳的"人客""滚水""矮瓜"。表中词语内地与港澳表达的不同之处主要有三点：第一是词序相反，如内地的"盒饭""录取""已经"与港澳的"饭盒""取录""经已"；第二是其中一个或两个字不一样，如内地的"围巾""黑板擦"与港澳的"颈巾""粉擦"；第三是表达完全不同，如内地的"伙伴""面试"与港澳的"拍档""见工"。因为这些词语大部分在汉语中有与英语对应或基本对应的表达，所以译者翻译时选择词语就相

对容易，顺应语境的目的也比较容易达到。

社交世界的范围非常广泛，包括社会阶层、民族与种族、国籍、言语社团、宗教、年龄、受教育水平、职业、亲属关系、性别、性取向，等等。[1]本节讨论的仅仅是沧海一粟，不过通过上述翻译实例的分析也可以窥见两岸及港澳在英译汉中顺应社会文化因素的特点。内地与港澳台政治、经济、社会体制有差异，各地区的译者在翻译相关文本或材料的过程中都会先分析本地社会文化的普遍规范以及目的语读者或听者的社会属性，再做出最佳语言选择，最大限度地顺应本地的社会文化语境。

3.3 物理世界方面的顺应

根据维索尔伦（Verschueren，2000）的观点，物理世界包括一切具有自然属性的因素，如时间和空间、非语言行为、人的外貌特征、性别、年龄及身体状况，等等。其中，时间可分为"（交际）事件时间"（event time）、"说话时间"（time of utterance）和"所指时间"（reference time）；空间关系包括"绝对空间关系"（absolute spatial relation）、"说话人空间"（utterer space）和"所指空间"（reference space）。[2]物理世界的另一个范畴还应该包括大自然的各种状况，如气候、地貌、水土等自然环境；交际者周围的物理环境也当属此类，如交际地点的物理形态、大小，器物或家具的样式及摆放的方式，人的多少，噪声的大小，等等。此外，与人相关的自然属性常常也包含社会属性，如非语言行为，人的外貌特征、性别、年龄等。以非语言行为为例。除了那些由纯自然或生理原因引起的行为（如感冒时咳嗽、疼痛时叫喊、胳肢时发笑等）外，其他绝大多数非语言行为在不同的文化中表达的意思往往是不一样的。就翻译而言，无论是口译还是笔译，都与物理因素有着千丝万缕的联系，特别是时间指示语和地点指示语的使用，以及对非语言行为的描述与解读直接涉及物理因素。即便是看似简单的this time, that moment, last year, next Wednesday和here, there,

---

[1] J. Verschueren: *Understanding Pragmatics*, Beijing: Foreign Language Teaching and Research Press, 2000: 92.

[2] J. Verschueren: *Understanding Pragmatics*, Beijing: Foreign Language Teaching and Research Press, 2000: 95-103.

left, right等表示时间、地点和方位的英语词语, 究竟其指为何会让译者颇费踌躇。口译的特点之一就是译员会根据工作地点的不同选择不同的翻译策略或方式——在一个相对封闭而安静的空间与一个空旷而嘈杂的场地翻译的方式会截然不同。又如, 当参与交际的人或译文针对的人中有残疾者或同性恋者时, 译者就得格外小心, 以免失礼。

3.3.1 对时间因素的顺应

不同时代的译者翻译同一源语文本创造出不同译本, 译本之间的差异表现在包括语言在内的各个方面。迄今, 已有不少专家和学者对西方名著的不同中文译本进行了对比研究, 取得了一系列研究成果（郑雪青, 2000; 梁颂宇, 2002; 汪智艳, 2010; 赖慈芸、张思婷, 2011; 刘丛如, 2012; 王楠, 2015）。这些研究有的对作品不同时代的译本进行全面梳理, 有的从翻译的标准和翻译的目的、译者的身份及译者对原著和当代社会文化及语言环境的理解等角度加以分析, 有的就不同时代的翻译方法和策略、目的语读者的特征和心理期望进行解读, 还有一些研究针对不同时代译本对原文内容的取舍与编排、译文语言的特点（文体、用词、句法、修辞等）以及译本出版或流通的形式等加以探讨。另外, 也有部分研究从目的语读者的角度, 通过他们的阅读体验来探讨翻译作品发生的演变。例如, 郑雪青（2000）通过对比分析英国著名小说《简·爱》相隔四十多年的两个译本（1936年文化生活出版社李霁野译本和1980年上海译文出版社祝庆英译本）, 发现两个译本的语言风格迥然不同: 前者译文欧化倾向明显, 不但句子和修饰语较长, 经常以动词为中心, 而且常常把时间状语放在句末, 其"用词考究、对仗工整、讲求音律, 比较严谨, 很少节外生枝的渲染, 有其独特的语言风格……独特的艺术魅力赢得了当时那个时代读者的欢迎"[1]。后者不再使用欧化语言, 句子短小明快, 使用了很多四字成语和四字词, 读起来朗朗上口: "译文在忠于原文的基础上, 突破英汉两种语言表层结构框框, 尽力挖掘深层结构的内涵, 很好地传达了原作的神韵。……祝译本中现代语汇的运用使这部40年后复译

---

[1] 郑雪青:《〈简·爱〉不同时代译本的语言风格》,《大连大学学报》, 2000, 21(5): 110。

的作品比李译本更符合当今读者欣赏口味,更具时代感与可读性。"[1]

汪智艳(2010)在IPA首届亚洲精神分析大会上宣读的论文《弗洛伊德〈梦的解析〉在台湾的两种中文译本》,从目的语读者的角度,通过对比分析《梦的解析》这部书1972年和2000年根据英文版翻译的两个台湾繁体中文版本,探讨了三十多年间译语语言发生的演变以及两个版本的译文给两个不同时期的目的语读者带来的不同阅读体验。另外,方梓勋(2002)和王宏志(2013)两位学者分别以《被殖民者的话语再探——钟景辉与60年代初期的香港翻译剧》和《"借来的土地,借来的时间":香港翻译史上三个很有价值的课题》为题,就殖民统治给香港翻译造成的影响进行了研究和分析。他们认为殖民统治和殖民主义在香港的翻译作品和翻译文献中留下了十分鲜明的印记,而且这种印记随着时间的推移有所变化,或是加强或是消减。方梓勋(2002)认为:"每逢经过一次殖民主义的洗礼,殖民者都或多或少地留下一些文化遗产,一些色彩、心态、形式或者内容,这些都会成为被殖民者认同的组成元素。……'五四'话剧的写实主义和关心社会的精神,翻译剧的开放和反动,都变成香港话剧个性的一部分……"[2]王宏志(2013)认为:"殖民政府的管治模式,包括政府架构、法律、语言、文化和教育政策等,成为支配香港翻译活动很主要的力量,而中国以至国际的政治也构成重大的影响。"[3]可以预见的是,随着港澳的先后回归,殖民统治和殖民主义对港澳翻译领域造成的影响将会逐渐减弱,翻译也将逐渐回归正常的轨道。

3.3.2 对空间因素的顺应

物理世界纷繁复杂,包罗万象,其中空间是一个重要的方面,而与之相关的是距离、长宽、面积、体积等因素。不同的国家和地区度量这些维度使用的测量单位往往有所差别。如中国大陆度量长度、宽窄和高低除使用公制(公尺、公分等)外,民间还经常使用寸、尺、丈;测量较长的距离除使用公里,也经常使用传统的里为单位;丈量土地也常常是公制的平方米、平方公里与市制的亩等度量

---

1 同上。
2 方梓勋:《被殖民者的话语再探——钟景辉与60年代初期的香港翻译剧》,《贵州大学学报》(艺术版),2002,16(34):14。
3 王宏志:《"借来的土地,借来的时间":香港翻译史上三个很有价值的课题》,中国翻译学学科建设高层论坛,2013-10-19。

单位交替使用。这方面港澳台地区与大陆既有相同,又有差异。相同之处是国际公制也通用于这三个地区,不同的是它们同时使用的本地传统度量单位与大陆不太相同。例如,台湾本地的长度单位1台尺约等于公制的30.3公分,稍短于大陆1尺的33.3公分;丈量土地的单位1坪约等于公制的3.31平方米,1甲等于2934坪,而这都是内地现在没有的度量单位。香港许多行业都使用公制,但很多时候也使用英制度量单位。如度量长宽时一般喜欢使用英尺,而1英尺约等于30.48公分,也略少于内地使用的市尺。丈量房屋面积时香港人通常使用平方英尺,1平方英尺约等于0.09平方米,与公制单位平方米的大小相差甚远。丈量物品和空间是人们生活的重要组成部分,所以无论什么领域的翻译工作者都时常需要翻译与此相关的内容。两岸及港澳这方面存在的差异使四地的译者在翻译中需要选择本地区常规的度量单位,顺应本地的语境。下面的实例与正在讨论的话题有一定关系:

实例34:

英语原文:As a result, Origins has already planted the equivalent to **1.25 million trees**.〔引自美国悦木之源公司(Origins Natural Resources, INC.)官网首页〕

大陆译文:从这个结果来推算,Origins悦木之源为环境做出的减排贡献,已相当于种植了**125万棵树**。(引自悦木之源公司内地官网首页)

台湾译文:这个举动已相当于为地球种植**125万棵树**。(引自悦木之源公司台湾官网首页)

港澳译文:透过这些努力,由2007年7月开始,Origins已相当于为地球种植了面积相等于**2800亩的松树林**。(引自悦木之源公司香港官网首页)

上面实例中的英语原文所说的树木的数量(1.25 million trees),大陆和台湾的译文都未加以变通,翻译时仍然保留了林木的数量,即125万棵。与此形成对照的是,香港译者把原文里的"1.25 million trees"转换成了林木可能占有的土地面积,即2800亩。为什么香港译者要采用这种转换的翻译手段?原因在于港澳地域狭小，2800亩对于香港和澳门同胞来说是超大的面积，可能比125万株树木听起来更让他们感觉直观和震撼，所以悦木之源公司香港官网的译文以灵活变通的形式很好地顺应了港澳的现实物理语境。

  由于不同的国家在地球上所处的位置不同，自然环境和气候存在一定的差别，例如中国和英国、中国和南非、中国和印度等国家在自然环境方面的差别就非常大。另一方面，即使是同一个国家，如果地域广大，不同地区的自然环境和气候也有差别，例如我国东北和华南地区、华东和西部、港澳台和我国其他许多地区。自然环境和条件的差异会催生语言许多不同的说法。如居住在美国阿拉斯加的因纽特人使用很多不同的词语来指称和描述不同形态的冰雪，但美国其他地区和世界大多数国家的语言里却找不到与之对应的词语，因此翻译相关材料或文献的时候就会遇到困难。还有，即便是同样的自然现象，不同的国家或地区也可能会有不同的说法。比如在我国大陆被称为"冲积平原"（alluvial plain）、"戈壁"（Gobi）、"承压水"（confined water）、"泥石流"（debris flow）、"热带草原气候"（tropical savanna climate）的这些自然形态或自然现象，在台湾的正式名称却分别是"泛滥平原""砾漠""受压地下水""土石流""热带莽原气候"。由于存在这种差异，当要把含有这些专用词汇的外国文献翻译成中文时，大陆和台湾译者自然就会选择本地区的常规说法来表达，以顺应本地对自然现象的描述习惯。

  作为交际语境的重要组成部分，物理世界以各种形态对翻译活动产生影响，译者在翻译的过程中有必要时刻注意。常见的物理因素包括时间、地点、自然环境、气候、人的自然属性等。译者在翻译话语或资料时经常会留意这些因素，对译文进行适当的处理或调整，从而达到顺应本地相关语境的目的。这种调整从字面上看可大可小，比如把英语里的west wind转译为中文的"东风"或将英语地点指示语there译成中文指示语"这里"，这种彻底反转式的翻译变化就很大；相比之下，翻译英语时间指示语next Friday（假如是本周内说的话）的时候把next译为"本周"，这样的转化就是比较小的变化。由于大陆与港澳台在某些物理环境方面存在一定的差异，因此海峡两岸及港澳的译者在翻译外国相关文献或资料时都必须顺应本地的物理世界，所以各地译者在生成中文译文时使用的具体表达就会有所不同，这是十分自然的。

4

大陆和港澳台地区英汉翻译语言语境的顺应

4
大陆和港澳台地区英汉翻译语言语境的顺应

我们在第一章第三节对港澳台地区的语言使用特点做了一个简要的介绍，并与大陆进行了一些比较。不同的历史经历与地域的分隔导致两岸及港澳的语言发生了不同的变化，使这几个地区在语音、词汇、语法等各个层面的使用上都产生了或多或少的疏离，加之方言的影响，情况就更加复杂。大陆和港澳台在语言使用上的这些差异同样对翻译活动造成了影响。各地区译者在做一项翻译工作之前，有必要对本地区语言使用特点了解得一清二楚，在翻译的过程中还要字斟句酌，尽力顺应本地的语言表达方式和语言风格，选择恰当的词语和语句来准确呈现外语原文的意义和风格。实际上，语言和交际语境是无法截然分开的，语言的选择其实就是在与交际语境不断的互动中进行的。本章对翻译中语言语境的顺应独立讨论主要是着眼于语言内部，包括词语的构成与语义特点、语句与结构的形式、语篇中的衔接与连贯以及篇章和篇际之间的相互制约，等等。维索尔伦（Verschueren，2000）在《语用学新解》第一部分探讨研究语言交际的四个角度时提到的第三个角度是"顺应的语言结构"（structural objects of adaptability），第二部分论及"语言语境"（linguistic context）时又提到"篇内衔接"（contextual cohesion）、"篇际制约"（intertextuality）和"线性结构"（sequencing）。[1] 本章讨论的范围与维索尔伦上述两部分论及的要点基本相同。各地译文语言使用方面的差异有时候也不完全是地区的语言语境或社会文化语境造成的，偶尔也可能是译者的语言功底不够或翻译水平不高而造成的。笔者处理这类情况的方法通常是：首先，除非很有必要，尽量少用存在语病的实例；第二，即便引用存在这类问题的例子，讨论时不以语病为重点；第三，如果不得不涉及由译者能力问题造成的语言失误，将指出产生问题的缘由。

1　J. Verschueren: *Understanding Pragmatics*, Beijing: Foreign Language Teaching and Research Press, 2000, 66: 104-108.

4.1 词语层面的顺应

海峡两岸及港澳语言的差异首先表现在词汇层面,包括词语的发音、构词特点、词语的使用、方言和外语词语对本族语言的影响,等等。在英译中的过程中,还有人名和地名的翻译策略、专有名词的翻译方法、是否采用传统译法等问题。词汇是语言的基石,大陆与港澳台语言的差异也主要表现在词汇上,因此做好词汇翻译可为语法及语篇翻译打好基础。由于港澳在词汇使用方面有各自的特点,译者在翻译中就需要将原文中的相关表达或意义译成符合本地"风味"的词语,以顺应本地的语境。本节将从人名翻译、地名翻译、技术名词与专业词汇翻译以及普通词汇翻译四个视角探讨两岸及港澳英译汉词汇顺应的大致情况。

4.1.1 人名翻译

外国人名的翻译近年来一直是翻译界讨论和研究的热点,许多学者和研究生就此都做过不少调查和分析,专题研究大陆与港澳台英汉人名翻译的文章也很多(黄大方,2001;陆小美,2001;彭佳洁,2012;陈洁,2013;宋国明,2015)。不少学者在著述中谈到人名翻译与社会文化的联系。360百科网就此有一段话总结得很好:"人名作为社会语言的一个重要组成部分,也是一种文化载体,具有悠久深刻的形成历史和丰富的文化内涵,集中体现了民族文化的特点。语源多,典故多,文化容量大,变异纷繁,而且隐含着不同民族的历史、语言、心理、宗教、习俗、道德、伦理等方面的信息。"[1] 就两岸及港澳的外国人名翻译而言,"如果不了解'一国三译',往往遭遇不少鸡同鸭讲的窘境。从历史上看,'一国三译'不是单纯的翻译问题,而是涉及文化、风俗乃至政治的方方面面"[2]。为什么会出现"一国三译"?原因就是各地译者要使自己翻译的译名能够被本地的读者或听者接受,即要顺应本地的语言语境与社会文化语境。

人名属于专有名词,无论什么领域的翻译都会涉及人名。翻译过外国人名的人都知道,有的人名好译,有的翻译起来有一定难度。例如,翻译时如何在发音相同的汉语词语之间做出选择、翻译采用归化还是异化策略、译名是否需要体现

---

[1] 360百科网. 一国三译. http://baike.so.com/doc/6400489-6614147.html.
[2] 同上。

名字主人的性别等问题。随着时间的推移，有些常见的外国人名和历史人物的名字在中文里已有约定俗成的译名，但也有不少并没有现成的译名。两岸及港澳的语言文化差异使译者在翻译西方国家人名时有必要依照本地区的常规选择翻译的策略和手段，最大限度地顺应本地区的语言文化规范和传统。表4-1列出了一些人们比较熟悉的英语人名在两岸及港澳的中文译名：

表4-1　英语常用人名大陆、台湾及港澳中文译名

英语人名	大陆译名	台湾译名	港澳译名
Reagan	里根	里根	列根
Clinton	克林顿	柯林顿	柯林顿
Obama	奥巴马	欧巴马	欧巴马
Nixon	尼克松	尼克松	尼克逊
Kennedy	肯尼迪	甘乃迪/肯尼迪	甘乃迪
Bush	布什	布什	布殊
Eisenhower	艾森豪威尔	艾森豪	艾森豪/艾森豪威尔
Trump	特朗普	川普	特朗普/川普
Thatcher	撒切尔	奋契尔/撒切尔	戴卓尔/撒切尔
G. Brown	戈登·布朗	白高敦	白高敦
Hillary	希拉里	希拉里	希拉莉
Cherie Blair	切丽·布莱尔	雪莉·布莱尔	彭雪龄
Michelle	米歇尔	米歇尔	米歇尔
Kissinger	基辛格	季辛吉	基辛格
Chelsea	切尔西/切尔莎	雀儿喜	切尔西
M. Jackson	杰克逊	杰克逊/米高积逊	米高积逊
M. Jordon	乔丹	乔登/高登/米高佐敦	米高佐敦
Beckham	贝克汉姆	贝克汉	碧咸
Johnson	约翰逊	琼森	琼森
Vivien Leigh	费雯丽	费雯丽	惠云李/李惠云
Hepburn	赫本	夏萍	夏萍
Aidan	艾丹	亚丁	艾丹
Trudy	朱迪	楚迪	婷迪

续表4-1

英语人名	大陆译名	台湾译名	港澳译名
Lewinsky	莱温斯基	吕茵丝姬	吕茵斯基
Hussein	候赛因	胡笙	候赛因/海珊
Chomsky	乔姆斯基	杭斯/士基	杭斯/士基
Bloomfield	布龙菲尔德	布隆费德	布隆费德

应用举例：

实例35：

英文名：（J. W.）Bush

大　　陆：新落成的乔治·W.**布什**总统中心，将是美国历史上第二大规模的总统图书馆。（引自搜狐网搜狐新闻，2013-04-26）

台　　湾：美前总统老**布什**，再传染肺炎又住院。（引自台湾民视网，2017-04-19.）

港　　澳：2008年，美国小**布殊**政府根据美朝双方就朝核设施验证问题达成的协议……（引自香港文汇网，2017-04-04）

实例36：

英文名：Hillary

大　　陆：11月底，69岁的**希拉里**与70岁的特朗普中的一人将在大选中胜出。（引自搜狐网搜狐新闻，2016-09-14）

台　　湾：川普狗急跳墙，促**希拉里**药检。（引自台湾新生报网，2016-10-17）

港　　澳：民主党**希拉莉**暂时取得104张，2人在部分关键州份，争持激烈。（引自香港文汇网，2016-11-09）

实例37：

英文名：Beckham

大　　陆：对于"万人迷"**贝克汉姆**来说，今天是一个值得纪念的日子，因为小贝迎来了42岁的生日。（引自腾讯网腾讯新闻，2017-05-02）

台　　湾：报为封爵假公益，**贝克汉**澄清电邮遭篡改。（引自台湾新生报网，2017-02-06）

港　　澳：与他们随行的还有英国著名足球员**碧咸**，他将随同部长们访问驻守在阿富汗的英国部队。（引自香港文汇网，2010-05-23）

　　表4-1所列举的外国人名的译名仅仅是一小部分有代表性的例子。除了少数几个外，绝大多数译名都只是原姓氏的翻译，没有涉及名。从这些实例中可以看出大陆与港澳台在外国人名翻译中的基本差异主要有以下几个方面：

　　第一，内地译名的原则是名从主人，以音译为主，通常把每一个音节甚至辅音连缀的每一个辅音都翻译成一个汉字，翻译时也较少考虑姓名主人的性别，如"布什""特朗普""撒切尔""希拉里"；可以从字面上看出人的性别为女性的译名只有"切丽·布莱尔""切尔莎""费雯丽"三个。而港澳台没有以音译为主的规范，翻译策略比较灵活，音译中夹杂着意译，常常省略原名里的一些音节或单音，将一个名字的音节控制在二到三个内，译名从字面上大都能够看出姓名主人是否是女性，如"希拉里/希拉莉""雪丽·布莱尔/彭雪龄""蜜雪儿""夏萍"等，看不出的基本上就是男性。有些译名明显带有中国文化赋予文字的特殊意义，如Kissinger的台湾译名"季辛吉"最后一个字"吉"就有"大吉大利"的含义；Chelsea的台湾译名"雀儿喜"中的"喜"字也是中国人喜欢的字眼；Bush的港澳译名"布殊"中的"殊"字往往有别具一格的含义，作为总统译名仿佛门当户对；Lewinsky的台湾译名"吕茵丝姬"中的"姬"字或许也隐含某种特别的意思。虽然大陆以音译为主，但也不完全排除表意的因素，有时译者也会选用可以表意的词语，如"切丽·布莱尔""切尔莎"两个译名中的"丽"和"莎"这两个字就有女性含义。大陆译者还默默遵守的一个原则是，外国人的译名避免使用带有贬义的字眼,如"馊""陋""败"等。虽然港澳台的译名没有大陆这种讲究,但译者往往会从字义是否吉利来考虑译名,"克林顿"和"奥巴马"两位美国总统的译名就是例子。"克林顿"中的"克"和"奥巴马"中的"奥"字在港澳台比较忌讳,因为"克"字含有"克星"这种不吉利的意思,而"奥"字在闽南方言中寓意也不好,所以港澳台都使用"柯林顿"和"欧巴马"这两个译名;甚至连美国大使馆也曾希望大陆也使用"欧巴马"称呼其总统。但是,大陆这方面却没有那么多顾忌,而且"奥巴马"这个译名已经广泛应用,所以并未改用港澳台的译名。[1]另外,如果翻译的是文学作品中人物的名字,译者通常都会考虑原文的语境以及相关人物的性格特征等因素,使其在名字上有一定的反映。

第二,台湾和港澳的外国人名译名有一小部分与大陆一样,很多是相互借鉴的结果——台湾与大陆相同的译名有"肯尼迪"和"费雯丽",港澳与内地相同的译名有"特朗普""基辛格""艾森豪威尔"等。很明显港澳与内地相同的译名要比台湾与大陆相同的多,这种现象自香港和澳门回归祖国以来有增多的趋势。不过,这种借鉴是双向的,既有港澳借用内地的,也有内地借用港澳的。

第三,大陆采用的音译和尽量少用与中国传统人名相同字词的策略属于异化策略,保留了明显的"洋味",从译名字面上一眼就可以看出是外国人名,如"戈登·布朗""米歇尔""杰克逊""贝克汉姆"。港澳台译者在翻译外国人名时仍在遵循严复信、达、雅的原则,尽量使用中国传统姓氏,这属于归化策略,很多译名从字面上感觉完全就是中国人。如"白高敦""甘乃迪""夏萍""胡笙""海珊",即便是熟悉这些名人的读者也要在读过或看过更多的相关信息以后才知道他们为何许人也。

第四,大陆、台湾和港澳的译者基本上会遵守约定俗成的原则——历史人物如果已有人们所熟知的中文译名,就没有必要别出心裁重译一次,直接采用已有译名即可。如表4-1中的Vivien Leigh大陆和台湾都一直使用几十年以前翻译的"费雯丽",港澳也长期沿用本地过去的译名"惠云李"或"李惠云"。这些译名与原名发音差别较大。即便如此,内地没有必要按照现在的翻译规范将这位

---

[1] 圣才学习网·外国名人名字的翻译. 英语类, 2011-12-19. http://yingyu.100xuexi.com/ExtendItem/OTDetail.aspx?id=ec1cc924-9ca6-4f13-9592-9707.

过去的电影明星的名字重新翻译,港澳也没有必要重译这一名字。因为一旦出现新的译名,就会在公众中造成不必要的误解。还有一些常见的外国人名也是如此,如John的英语发音用国际音标标出是/dʒɒn/,如果严格按照音译"炯"或"将"更接近原词的发音,但它早已约定俗成翻译为"约翰";Paul的英语发音是/pɔːl/,按理说应该译为"坡儿"或"波尔"才与原词发音更接近,但传统的译名是"保罗"。这些译名都已习惯成自然,今天也不必费心去纠正了。实际上,过去翻译的很多外国名人的名字都带有中国人姓氏的色彩,而不是严格按照音译的标准来翻译的,如"罗斯福"(F. D. Roosevelt)、"萧伯纳"(G. Bernard Shaw)、"卓别林"(C. Chaplin)、"福尔摩斯"(S. Holmes)等。

第五,港澳外国人译名受方言的影响比较明显。像表4-1中的Michael Jackson被译为"米高积逊",Michael Jordon被译为"米高佐敦",Beckham被译为"碧咸",都与粤语发音有关。在粤语中,"米"的发音用拼音标出就是[mai],与这两位名人的名Michael中的第一个音节Mi-的发音基本一致;而"碧咸"的粤语发音听起来与球星Beckham的英语发音也非常接近。台湾有些媒体有时也借用港澳的这些译名,有时跟随大陆使用"杰克逊""乔丹"分别指Michael Jackson和Michael Jordon,或用台湾译者翻译的译名"高登""贝克汉"分别指Michael Jordon和Beckham。

翻译中存在的上述差异源自各自的内部环境。就大陆而言,从20世纪60年代初开始,新华社受中央的委托开始负责外国人名的翻译及管理工作,制订了一系列翻译规范,对所有正式场合的人名翻译进行指导。之后不久,一些外国人名词典陆续正式出版,如《英语姓名译名手册》(辛华编,商务印书馆,1973年)、《世界人名翻译大辞典》(夏德富编,中国对外翻译出版公司,1993年)、《英语人名词典》(李中华编,上海外语教育出版社,2002年)。这些组织机构和规范对外国人名的翻译起到了十分重要的指导作用,政府机构的翻译工作人员参照新华社所发规范,其他专业和非专业译者通常也会借用主流媒体在新闻报道中使用的译名。如果遇到主流媒体尚未使用的外国人名,译者翻译时一般会参阅英语人名(翻译)词典。这样一来,大陆外国人名的翻译就非常规范,已基本形成比较一致的翻译策略和方法。港澳台虽然也有一些关于外国人名翻译的指导性建议,但规约性不高。译者翻译外国人名时相对比较随意,民间更是如此。所以,港澳台外国人名的译名比较多样化，有本地翻译的，有取自大陆的，还有相互借用的，而且有时候同一个外国人的名字同时存在几种不同的译名。不过，无论是大陆还是台湾或港澳的译者，他们的目标是一致的，那就是竭力使自己翻译的外国人名顺应本地的语言语境和文化语境，让目的语读者和听者乐于接受。大陆追求外国人名的音译，港澳台乐见将其中国化，都是各自地区的社会和语言特点所决定的，是合该地区相关机构和大众的"胃口"的。

4.1.2 地名翻译

与人名一样，地名也属于专有名词，大都有很深的文化内涵。但地名也有自己的一些特点，如有的地名是一个词，而有的地名却由一个专有名词加上一些普通名词构成；地名的类型也更多，有国家名、地区名、地域名、城市名等。关于外国地名的翻译专题研究不少，但关于大陆与港澳台三地在外国地名翻译方面的异同研究却并不多（方梦立，1999；黄大方，2001；陆小美，2001；廖七一，2005）。地名翻译比人名翻译更为复杂和困难，因为很多地名的原始发音是方言或土语的发音，"望文生音"很容易搞错；包括国名在内的许多地名既有全称也有简称；不少名称相同的城市世界上不同的国家都有；而且社会的发展变化有时候也会导致地名的变化。再加上方言的差异以及翻译观念和策略的不同，外国地名译成汉语后在大陆、台湾和港澳表现出诸多不同（见表4-2）：

表4-2 外国地名大陆、台湾及港澳中文译名

英语地名	大陆译名	台湾译名	港澳译名
Australia	澳大利亚	澳大利	澳洲
Republic of Yemen	也门共和国	叶门共和国	叶门共和国
Singapore	新加坡	新加坡	星加坡/星嘉坡
Liberia	利比里亚	赖比瑞亚	利比理亚
Zimbabwe	津巴布韦	辛巴威	辛巴威
Chad	乍得	查德	乍德
Burundi	布隆迪	布隆迪	蒲隆地
Nauru	瑙鲁	诺鲁共和国	那鲁
Antigua and Barbuda	安提瓜和巴布达	安地卡及巴布达	安地瓜及巴布达

续表4-2

英语地名	大陆译名	台湾译名	港澳译名
Trinidad and Tobago	特立尼达和多巴哥	千里达及托巴哥共和国	千里达及托贝哥
Saint Vincent and the Grenadines	圣文森特和格林纳丁斯	圣文森及格瑞那丁	圣芬生与格林纳达群岛
Vatican City	梵蒂冈	教廷	梵蒂冈
British Columbia	（大）不列颠哥伦比亚省	卑诗省	卑诗省
Cannes	戛纳	坎尼斯	康城
Sydney	悉尼	雪梨	雪梨
Tahiti	塔西提岛	大溪地	大溪地
Hollywood	好莱坞	荷里活	荷里活
San Francisco	旧金山	三藩市	三藩市
Honolulu	火奴鲁鲁	檀香山	檀香山
Montreal	蒙特利尔	蒙特娄/满地可	满地可
Wellington	惠灵顿	威灵顿	威灵顿
Islamabad	伊斯兰堡	伊斯兰马巴德	伊斯兰马巴德
Georgetown	乔治敦	佐治敦	佐治敦
Pretoria	比勒陀利亚	普利托里亚	普利托里亚
Kingston	金斯敦	京斯敦	京斯敦
Bermuda	百慕达/大	百慕达/大	百慕达/大
Kuweit	科威特	科威特	科威特

应用举例：

实例38：

英文名：Sydney

大　　陆：**悉尼**是澳大利亚新南威尔士州首府。（引自搜狗网搜狗百科，2017-03-22）

台　　湾：长荣交响乐团，台湾首支登**雪梨**歌剧院。（引自台湾新生报网，2015-07-08）

港　　澳：澳洲**雪梨**在2000年办奥运，当年道琼指数挫跌2.53%。（引

自香港文汇网，2016-08-07）

实例39：

英文名：Tahiti

大　　陆：**塔希提岛**是南太平洋上的波里尼西亚群岛118个岛中的最大之岛。（引自搜狗网搜狗百科，2017-03-15）

台　　湾：公司将举行8天6夜、价值24万元的**大溪地**之旅。（引自台湾东森新闻网，2017-02-08）

港　　澳：入行以来从未放过长假的杏儿，在75天的浪漫假期中分别去过日本、**大溪地**、新西兰……等十多个地方。（引自香港文汇网，2016-03-30）

实例40：

英文名：Islamabad

大　　陆：巴基斯坦首都**伊斯兰堡**，是世界上年轻的都城之一。（引自中国网，2008-04-15）

台　　湾：这架Bhoja Air班机，昨晚准备进场降落在**伊斯兰马巴德**国际机场时，坠落在该市边缘住宅区的附近。（引自台湾新生报网，2012-04-22）

港　　澳：巴基斯坦首都**伊斯兰马巴德**的万豪酒店上周末遭到自杀炸弹卡车攻击，造成大约60人死亡，数百人受伤。（引自香港文汇网，2008-09-22）

表4-2中的地名主要是国家名和城市名，还有少量地域名称，绝大部分是英语国家或地区。大陆与港澳台在地名英译方面的差别与人名翻译的差别有很多相似之处，具体可以归纳为下面四点：

第一，与人名翻译一样，大陆译者翻译地名时通常遵循名从主人的原则，大都采用异化策略，音译居多，译名无论长短往往一眼就可以看出是外国地名，而且使用的汉字通常没有什么特殊的含义，如"津巴布韦""布隆迪""安提瓜和巴布达"。在台湾和港澳,严复信、达、雅的原则同样也是人们翻译外国地名时遵循的宏观原则,经常采用归化策略,或完全意译或音译加意译。很多译名从字面上看很像中国的某个地方,使用的汉字也常常能够显现地名的意义或风貌,如"蒲隆地""康城""大溪地"。"蒲隆地"里的"地"字与一国之土地、领地的意义吻合;"康城"由音译"康"与意译"城"结合而成,"康"字还具有正面的含义,而"城"指城市,点明了专有名词所指事物的性质。"大溪地"是法属领地Tahiti的译名,它是位于太平洋上夏威夷南面的一个岛屿,译名中的"溪"字正好表现了这个地名与水相关的独特性。Trinidad and Tobago的台湾和港澳中文译名里都有"千里达"这个短语,这好像是在告诉人们:这个岛国位于千万里之外,而这正是这个中美洲加勒比海小国的真实写照。

第二,和外国人名的译名一样,地名翻译也有相互借用现象。如大陆与台湾都使用译名"新加坡""布隆迪",内地与港澳共用译名"也门共和国""利比里亚""梵蒂冈",大陆、台湾和港澳共用译名"百慕达/大"和"科威特"。实际上,两岸及港澳相互借用的译名还有一些,随着港澳的回归和四个地区经济、贸易和文化关系的发展,外国地名译名相互借用的情况也日益增多,如"文莱""巴拿马""蒙特卡洛"。

第三,约定俗成不但是大陆柜关部门明确要求译者遵守的专有名词的翻译规范,也是其他三个地区译者们自觉遵守的规则。按照此规则,大部分过去翻译的外国地名均原封不动地保留了下来。当然,约定俗成也不是绝对的,偶尔也会出现更正或改变的情况。例如Guatemala的译名是"危地马拉",后来台湾将其改译为"瓜地马拉",但大陆仍然一直沿用"危地马拉"。又如Silicon过去翻译为"矽",后来改译为"硅",所以内地随之把Silicon Valley改译为"硅谷";但由于香港现在仍将"硅"称为"矽",因此旧译名"矽谷"沿用至今。

这里讲一个关于更改外国大学中文译名的有趣故事。University of Wollongong是澳大利亚新南威尔士州一所较有名气的大学,学校的中文译名一直是"卧龙岗大学",但几年前大学有关部门感觉这个译名与中国国内的一些地名混淆不清,因此特地发了一个正式通告,把学校的中文译名更改为"伍伦贡大学"。[1]但遗憾的是，通告公布至今，除了该校自己正式文件使用学校颁布的新译名外，中国人很少使用更改后的译名。笔者随便查了一下互联网，中国相关网站基本全都仍然用的是"卧龙岗大学"，仅有极少数网站在"卧龙岗大学"后面用括号同时标出了"伍伦贡大学"。这一方面可能是因为原译名深受大家的喜爱，另一方面也说明要改变约定俗成的译名并非易事。

第四，外国地名翻译中有方言的痕迹，特别是港澳译名。例如，Sydney，Montreal，Kingston，Hollywood的台湾和港澳中文译名"雪梨""满地可""京斯敦""荷里活"就是受粤语影响比较明显的例子。这几个译名的粤语发音比较接近英语原名的发音，如"雪梨"中的"雪"字在粤语中是入声，最后有一个未送气的阻塞音/t/，而Sydney第一个音节的最后一个音/d/也是失去爆破的阻塞音，中文和英文发音的音感相近。"金斯敦"中的"金"字在粤语中的第一个声母是软腭阻塞音，比普通话中"金"的字首声母（齿龈塞擦音）的发音更接近于英语原名Kingston/ˈkɪŋstən/第一个辅音/k/（软腭阻塞音）的发音；而"金"字的韵母在粤语中的发音是/ɪŋ/，与英文原名Kingston第一个音节/kɪŋs/中的/ɪŋ/的发音基本一致；然而，粤语中"金"字韵母的发音是/am/，其中元音/a/与Kingston第一个音节中元音/i/的发音相去甚远，显然不会是粤语译名的首选。再说"荷里活"。这个译名在粤语中听起来非常像Hollywood/ˈhɔlɪwʊd/的发音。正因为粤语中"活"与英语名词wood/wʊd/发音极像，所以港澳同胞把Burwood，Eastwood这些外国地名分别称为"宝活"（宝林镇）、"伊士活"（东林镇）。[2]

大陆与港澳台在外国地名翻译中出现的各种差别与自身语言语境和社会文化是分不开的。"中国地名委员会"于1977年成立，其职责是制定全国地名管理的政策和规范、地名标准化、译写规范化以及编译出版相关书刊，外国地名的翻译及其规范化也在其职责范围之内；近些年已编撰出版《美国地名译名手册》（商务印书馆，1985年）、《外国地名译名手册》（商务印书馆，1993年）等指导性册子。新华社译名室也经常发布一些指导性意见。2009年6月，译名室针对英国地名Portsmouth存在"朴次茅斯"和"朴茨茅斯"两个中文译名的情况发布了一

1　东南西北人：不知道这些有趣又幽默的地名翻译. 2016-06-18. http://www.eswnman.net/thread-248802-1-1.html.

2　同上。

个《关于英国地名Portsmouth中文译名变更的通知》，要求将英国、美国、加拿大三国都有的地名Portsmouth统一为"朴次茅斯"。[1]国际交往频繁的地方政府有时也会出台一些地名译名指导原则，对国内外地名的翻译加以规范。受这些因素的制约和引导，大陆译者在翻译外国地名时通常都有规可循，往往会查阅相关指导性文件或手册，自我规范。因此，与外国人名翻译一样，大陆的外国地名译名总的来说比较正规和一致。与之相比，港澳台在外国地名翻译方面并没有强有力的规定或指南，译者通常以本地主要媒体的翻译为参考，有的译者有时也会借用其他地区的译名，包括大陆官方或主要媒体使用的译名，所以同一个外国地名同时有几个不同的中文译名的例子并不少见。各个地区都有本地区人们熟悉的某种形式的外国地名译名，译者自然会努力去顺应这种形式。

4.1.3 技术名词与专业词汇翻译

目前，国际化程度越来越高，两岸及港澳之间的交流也日渐频繁。在这种形势下，来自国外特别是西方的技术名词与专业词汇不断进入我国。这些科技和专业术语以计算机、网络、通信、医疗、生物、体育、经济等方面的居多，其中大部分被译成中文，少部分直接借用外语或部分译成中文。由于外来技术名词与专业词汇的数量极其庞大，加之地区差异，技术名词的翻译成了一件十分重要而又非常复杂的事情，所以学者和专家近年来就此进行的调查和商讨不在少数（娄承肇，1992；鲍世修，1998；黄大方，2001；黄金莲，2005；林庆隆，2013）。地区差异，加上接触外来技术名词与专业词汇有先有后，导致科技和专业术语译名不尽相同。据说仅计算机学科技术名词海峡两岸的差异率就高达80%以上。[2]林庆隆2013年对大陆和台湾中学教科书中由外语翻译过来的化学名词进行了对比研究，发现两地外译汉化学名词的差异率在32.7%到44.3%之间。[3]学者们对此非常清楚，娄承肇在1992年就提出了自己的看法："科技翻译的困难之一，就是如何

---

1 中华文本库：新华社译名室发布的最新常用外国译名. http://www.chinadmd.com/file/vizuwaivatvvcvo3oaepurrr_.html.
2 陆小美：《两岸三地英语来源外来词翻译对比研究》，南宁：广西大学硕士学位论文，2001：21。
3 林庆隆：《台湾学术名词审译发展暨两岸学术名词翻译差异类型分析》，《物理》，2013，42（6）：434。

准确地把国外的科技术语（亦可称科技名词）译成汉语。大陆、台湾、香港的翻译工作者在这方面建树颇丰，然而由于政治、社会、语言等多种原因，造成两岸翻译有所差异，译名不统一，这不仅影响两岸科技人员的交流，而且导致海外华人传播的混乱，亦令学习中文的外国朋友感到困难。"[1]无论是否认同研究者和学者们表达的这种忧虑，它至少说明外来技术名词与专业词汇在两岸及港澳译文中的差异的确比较大（见表4-3）：

表4-3 英语技术名词与专业词汇大陆、台湾及港澳表达示例

英语原词	大陆译文	台湾译文	港澳译文
digital	数码	数位	数位
hardware	硬件	硬体	硬体
software	软件	软体	软体
hacker	黑客	骇客	骇客
internet	因特网/互联网/网络	网路	网路
word processor	文字处理系统	文书处理系统	文书处理系统
index	索引	引得	引得
compact disc	激光唱片	镭射音蝶	镭射音蝶
hologram	全息照相	镭射全像术	全息图
optical character recognition	光学文字识别	光学辨认字元	光学辨认字元
integrated circuit	集成电路	积体电路	积杂回路
operating system	操作系统	作业系统	作业系统
high definition television	高清电视	高画质电视	高画质电视
X-ray	X光射线	爱克斯光线	X射线
xerography	静电印刷	静电影印	影印
space shuttle	航天飞机	太空梭	（太空）穿梭机
astronaut	宇航员	太空人	太空人
UFO	飞碟	UFO/幽浮	UFO/幽浮
(guided) missile	导弹	飞弹	飞弹

---

1 娄承肇：《大陆与台港英文科技术语汉译比较》，《上海科技翻译》，1992（2）：29。

续表4-3

英语原词	大陆译文	台湾译文	港澳译文
tank	坦克	战车	战车
motor	电动机/马达	马达	摩打
clutch	离合器	克拉子	克拉子
container	集装箱	货箱	货柜
air-conditioner	空调	冷暖气（机）	冷暖气（机）
hi-fi equipment	音响	音响	Hi-Fi
saxophone	萨克斯管	萨克斯风	色士风
hormone	荷尔蒙	贺尔蒙	荷尔蒙
AIDS	艾滋病	爱滋病/爱死病	爱滋病
free kick	任意球	自由球	自由球
penalty kick	点球	十二码	十二码
deuce	终局平分	丢士	丢士
passport	护照	护照	passport
visa	签证	签证	visa
Boolean algebra	布尔代数	Boole代数	Boole代数

应用举例：

实例41：

英　　文：internet

大　　陆：我省14家民营企业**因特网**接入服务企业本着自愿参与和受约的原则，签署了……（引自新浪网新浪新闻，2015-06-02）

台　　湾：**网路**直播近来越来越夯，入口网站也跨足抢商机。（引自台湾民视网，2017-05-04）

港　　澳：涉案2名特工隶属俄罗斯联邦安全局，涉嫌雇用2名骇客入侵美国**网路**系统盗取数据。（引自澳门广播电视网，2017-03-16）

实例42：

英　　文：space shuttle

大　　陆：挑战者号**航天飞机**是美国正式使用的第二架**航天飞机**。（引自百度网百度百科，2016-09-02）

台　　湾：模拟的是**太空梭**如果爆炸跳伞逃生之后，要如何撑到救难队到来？（引自台湾东森新闻网，2017-05-14）

港　　澳：印度昨日成功试飞一款用作技术验证的小型无人**穿梭机**，亦是印度首部自制宇宙飞船发射升空。（引自香港文汇网，2016-05-24）

实例43：

英　　文：AIDS

大　　陆：**艾滋病**是一种危害性极大的传染病，由感染**艾滋病**病毒（HIV病毒）引起。（引自搜狗网搜狗百科，2017-01-20）

台　　湾：狂欢夜一夜情，染上**爱滋病**无法治愈。（引自台湾新生报网，2015-12-23）

港　　澳：1名患者在医院接受治疗期间，因个人原因在院外感染**爱滋病**。（引自澳门广播电视网，2017-02-09）

由英语翻译成中文的科技名词与专业词汇数量巨大，表4–3仅列举了三十多个。表中所列英译汉技术与专业词汇可以让我们发现一些规律。最明显的莫过于音译和意译两方面的差异。大陆翻译的外国技术名词与专业词汇使用意译者居多，港澳台使用音译者较多，这个特点跟人名和地名翻译规律刚刚相反。如index，clutch，deuce三个词语内地的译名为"索引""离合器""终局平分"，台湾和港澳的译名都是"引得""克拉子""丢士"。虽然有一些技术用语与专业词汇大陆和港澳台在翻译中都使用了音译的方法，但是选用的汉字常不一样。如motor，大陆除翻译为"电动机"，也有"马达"这个音译词；台湾译名用"马达"，但港澳译名是"摩打"，选用的两个字不一样。另一个例子是AIDS的翻译，大陆译名第一个字选用了"艾"，显然是有意避免字眼产生特殊的含义;但台湾和港澳使用的译名第一个字是"爱",又好像是故意让人产生联想;这个词台湾的另一个译名"爱死病"的"爱死"两个字不但发音模仿原词,而且刻画了此病极可能导致的结果,让人一看到这个词就不寒而栗。

从构词的角度看,两岸及港澳从外语译入中文的科技与专业词汇偏正结构比较多,不同之处在于译名的修饰语或中心词往往不一样,而修饰语不同、中心词相同的译名特别多。如表4-3中所列举的"黑客"(大陆)和"骇客"(港澳台)中的修饰语"黑"和"骇"、"文字处理系统"(大陆)和"文书处理系统"(港澳台)中的"文字"和"文书"、"高清电视"(大陆)和"高画质电视"(港澳台)中的"高清"和"高画质"、"导弹"(大陆)和"飞弹"(港澳台)中的"导"和"飞"。大陆译者翻译hacker用"黑"字作为修饰词,着眼点是其隐蔽性和所做事情的性质;而台湾和港澳使用"骇"字是为了强调这些人给网络和网民带来的感受和后果。大陆以"文字"作修饰语,表示word processor中word一词的含义,比较贴近英语原义,侧重点在字词上面;台湾和港澳用"文书"一词翻译英语原名中的word一词,侧重于篇章,作为中心词"处理系统"的修饰语构成"文书处理系统",从语义上讲也没有问题。至于high definition television相对应的中文名称,大陆的修饰语"高清"和港澳台的修饰语"高画质"虽然意思差不多,但是词语结构不一样:大陆译名中的"高"和"清"此处都是形容词,所以"高清"属于并列结构;台湾和港澳译名中的"高"是形容词,"画质"是名词,所以"高画质"是偏正结构。与hacker的中文译名的性质类似,大陆用"导"而港澳台用"飞"来表示(guided) missile的特性,聚焦点是不同的:"导"即引导,反映的是这种炸弹的智能性,比较忠实地翻译了英语guided一词的意思;而"飞"形象地描绘了这种武器神奇的速度,不拘泥于英语修饰词guided的意思,虽然从译名的字面上看不出这款武器的特性,但头回生二回熟,人们熟悉以后也就知道中文译名的意思了,因此台湾和港澳的译名也无可非议。

计算机术语hardware和software,大陆分别译为"硬件"和"软件",台湾和港澳使用的译名是"硬体"和"软体"。译名中使用的修饰语"硬""软"相同,但中心词不同,大陆用"件",港澳台用的是"体"。显然,大陆使用"件"为中心词是受到"零件""配件""构件""一件(东西)"这类词语的影响，是把这两种东西看作计算机的一部分。台湾和港澳翻译这两个词使用"体"字作为中心词，是着眼于hardware和software的性质，将其视为实实在在的物体。表中修饰语相同但中心词不同的技术用语和专业词语还有"数码"与"数位"、"光学文字识别"与"光学辨认字符"等。其中，大陆译名"光学文字识别"里的中心词组"文字识别"与港澳台"光学辨认字符"里的中心词组"辨认字符"不但用词相异，而且结构不同："文字识别"是主谓结构，而"辨认字符"是动宾结构。另外，大陆和台湾用"箱"而港澳用"柜"来表示container这种现代化大型装货运输的容器，原因与上面不完全一样。在大陆，"柜"现在通常指长期放在某一个地方甚至镶嵌在墙壁里，用于放置物品的空间，所以有"柜子""墙柜""立柜""柜台"之说，因此，"货柜"在大陆是指放置于售货处或仓库堆放等待出售或搬运的货物的大柜子。显然，如果将container译为"集装柜"是不符合大陆的语境的。相反，各种"箱子"在大陆才是生意人用来装运货物的东西，因此把container翻译成"集装箱"是顺理成章的，因为这个专业译名与现实语言事实完全一致。

还有这样的情况：两岸及港澳从英语译入中文的技术名词与专业词汇中的修饰词虽然不同，但有时意义相差不大，属于同义词。如大陆译名"集成电路"里的"集成"与台湾译名"积体电路"里的"积体"及港澳译名"积杂回路"里的"积杂"，大陆"任意球"里的"任意"与港澳台"自由球"里的"自由"，等等。差异还表现在译名中有无修饰语上。如大陆的"静电印刷"和台湾的"静电影印"都有修饰语"静电"，作为正式专业术语不能省掉，但在港澳即便作为正式术语也可以不带修饰语直接说"影印"来指这种现代技术。当然，也有不少科技和专业术语大陆与港澳台中心词和修饰语都不一样，如由compact disc译成中文的"激光唱盘"与"镭射音碟"，由space shuttle翻译过来的"航天飞机"（大陆）、"太空梭"（台湾）、"穿梭机"（港澳），由air-conditioner翻译过来的"空调"（大陆）、"冷暖气（机）"（港澳台），等等。

在翻译外来技术名词与专业词汇的过程中，部分或全部直接借用外语词语是两岸及港澳都存在的现象，但相对而言，台湾和港澳这种倾向更加明显，借用的外语词语更多。大陆借用外语科技与专业术语在表4-3中只有一个，就是"X光射线"，而且还是部分借用；其他未在表中列出但比较常见的还有"IT产业"、

"IE浏览器"、DNA、GDP、WTO、等等。对于这类直接引入中文的外语缩略词，大陆曾发过官方通知，要求主流媒体以中文加以替代，引起了观众和网民热议，实施起来也有一定困难，仿佛效果不佳。表中列出的其他三个地区部分及全部借用外语科技和专业术语的实例有"X射线"、"Bocle代数"、passport、visa等；其他没有在表中列出但很常见的还有"TCP/IP协议"、"实Q"（保安）、APEC、DJ、IQ、EQ、email，等等。部分和全部借用外语词语的原因比较复杂，但最常见的是翻译困难、借用词使用便捷、专业性强，等等。

下面再举两个实例来讨论技术名词与专业词汇的翻译问题。实例47是美国苹果公司网站对一款表带的介绍：

实例44：

英语原文：**Leather Loop**

The Venezia leather for this band is handcrafted in **Arzignano**, Italy. With **an artisan heritage** spanning five generations, the tannery has a history of partnership with some of the most prestigious names in fashion. A delicate **milling and tumbling process** enhances the beautiful **pebbled texture**. This traditional craftsmanship is combined with an innovative approach to design. **Magnets** concealed within the soft, quilted leather allow you to simply wrap it around your wrist for a precise fit and a trim look. Available in stone, light brown, bright blue, and black.

［引自苹果公司（Apple Inc.）官网表带篇］

大陆译文：**皮制回环形表带**

此款表环采用的威尼斯皮革，由意大利**阿尔齐尼亚诺**一家久负盛名的皮革厂手工打造，这家皮革厂与时尚界一系列顶级品牌有着辉煌的合作史，而让它们声名远扬的，正是它们传承五代的**精湛手工技艺**。轻柔的**搓纹工艺**，凸显了精美的**荔枝皮纹理**。在这款表带里，这项传统工艺更与创新设计方法融为一体：柔软的衍缝皮革内被藏入**磁体**，因此只需将表

带绕于腕间，它就能与手腕完美贴合，简洁利落。现有石纹色、浅棕色、亮蓝色和黑色可供选择。（引自苹果公司大陆官网表带篇）

台湾译文：**皮革表环**

此款表带的威尼斯皮革是在意大利 <u>Arzignano</u> 手工打造的。承袭五代的 <u>职人工艺</u>，让这所皮革工坊享誉盛名，和时尚界最顶尖的品牌一直有着辉煌的合作史。细致的 <u>滚磨处理</u>，突显精美的 <u>石纹质感</u>。而这样的传统工艺更融入了创新设计，隐藏在柔软衬里皮革中的 <u>磁石</u>，轻松绕上手腕就能完美贴合，洗练时尚。共有石纹、淡棕、鲜蓝和黑色可供选择。（引自苹果公司台湾官网表带篇）

港澳译文：**皮革手环**

这款手环采用的威尼斯皮革于意大利 <u>阿尔齐尼亚诺</u> 以人手制造，皮革厂传承了五代 <u>精湛工艺</u>，历来曾与多个著名时装品牌合作，擅长以精巧的 <u>滚磨处理</u>，加强细致的 <u>碎石纹理</u>。我们将这份传统工艺糅合创新设计，在柔软的衬里皮革中藏入 <u>磁石</u>，当你把表带圈上手腕时，自然可完美贴合，整齐雅致。分别有石纹、浅棕色、鲜蓝色和黑色可供选择。（引自苹果公司香港官网表带篇）

仔细对比大陆、台湾和港澳的译文不难发现，在这篇仅有两百多个词的表带介绍性广告中，至少有6个专业用词（有下划线的词语）在三篇译文里都不相同，它们的英语原词是 Leather Loop，Arzignano（意大利地名），an artisan heritage，milling and tumbling process，pebbled texture，Magnets。大陆网站把 Leather Loop 译为"皮制回环形表带"，台湾网站译为"皮革表环"，港澳的译名是"皮革手环"。大陆的译名最长，对原词做了较多的解释；这里主要的差异表现在译名中心词不同，大陆、台湾和港澳的表达分别为"表带"、"表环"和"手环"，反映了两岸及港澳这方面专业用词的差异。大陆和港澳网站将地名 Arzignano 翻译为"阿尔齐尼亚诺"，但台湾网站这里直接借用，选择了

4 大陆和港澳台地区英汉翻译语言语境的顺应

仍留英文原词不译。名词短语an artisan heritage大陆网站的译文为"精湛手工技艺",大陆人听起来非常熟悉和自然,台湾翻译的"职人工艺"和港澳翻译的"精湛工艺"对这两个地区的人来说也没有问题,但大陆人会感到"职人工艺"的说法非常少见,因为"职人"一词不是大陆的通用语。打磨表带的过程milling and tumbling process在这几个地区的译名也不一样,内地网站将其译成"摔纹工艺",台湾和港澳的译文是"滚磨处理",可见这一工艺处理过程或方法在大陆和其他三地的表达是有差别的。表示皮革质地和外观的英语原词pebbled texture在三篇译文中分别处理为"荔枝皮纹理""石纹质感""碎石纹理"。大陆用荔枝皮比喻,台湾和港澳用石头的纹理作比,不过一个是"石纹",另一个是"碎石",并非完全一样。至于Magnets这个英语词,大陆网站用"磁体",台湾和港澳网站用"磁石",也反映了大陆与其他三地在介绍此类产品时常规专业用词的差别。

实例45选自一篇讨论大陆与台湾计算机术语差异的硕士学位论文[1]:

实例45:

英语原文:So far most of the examples in this book have existed in a single file and have been designed for **local** use, and haven't bothered with **package** names. (In this case the **class** name is placed in the "**default package**".) This is certainly an option, and for simplicity's sake this approach will be used whenever possible throughout the rest of the book. However, if you're planning to create libraries or programs that are friendly to other **Java** programs on the same machine, you must think about preventing **class** name clashes.(引自黄金莲:37)

大陆译文:迄今为止,本书的大多数例子都仅存在于单个文件中,而且设计成局部(**本地**)使用,没有同**包名**发生冲突(在这种情况下,**类名**置于"**默认包**"内)。这是一种有效的做法,

---

[1] 黄金莲:《探析计算机术语翻译在台湾和大陆的差异》,合肥:合肥工业大学硕士学位论文,2006:38-39。

而且考虑到问题的简化，本书剩下的部分也将尽可能地采用它。然而，若计划创建一个对同一台计算机上其他同类**程序**"友好"的程序，必须考虑如何防止**类名**的重复。（引自黄金莲：37）

台湾译文：截至目前，本书大多数示例都存于单一档中，并设计用于本机（**local**）端，因而尚未遭遇**package**命名困扰。这种情况下，**class**的命名被置于**default package**中。这当然也是一种选择，而且基于简单化原则，即便到了本书末尾，仍有可能采用这种方式。不过当你希望你所开发的**java**程序能和同一台机器上的其他**java**程序和平共处时，你便得考虑如何杜绝**class**的名称冲突。（引自黄金莲：38）

这篇短文涉及不少计算机专业术语，大陆与台湾译文最明显的差别就是好几个术语台湾译者都直接使用原英语词语，这些词语是package，class，default package，java（在其后加上了"程序"）；还有一个英语词语local保留下来说明译名"本机"的含义。但大陆译者并未保留任何英语原词语，而是将上述计算机术语分别翻译为"包名""类名""默认包""程序"（省掉了java）。两地译文的这种反差说明，大陆译者翻译本小段时考虑到本地很多计算机使用者对英语计算机术语不一定非常熟悉，将所有的词语都翻译成中文，而台湾译者认为台湾的计算机使用者基本上都认识这些常用的计算机英语术语，所以选择直接使用。

与日常普通词语的翻译相比，技术名词与专业词汇的翻译在两岸及港澳相对规范一些。大陆和台湾还有一些旨在统一外来科技和专业词汇的机构，如大陆的"全国科学技术名词审定委员会"和台湾的编译馆，某些行业也在尽力规范本行业的外来技术与专业术语。与其他几个地区相比，大陆这方面所做的工作效果要明显一些，台湾和港澳的相关机构或相关措施对规范本地外来科技与专业术语的作用比较有限。由于语境各异，各个地区的科技与专业资料翻译工作者都是在自己所处的语境下从事翻译，需要顺应本地的相关语境，这就导致两岸及港澳的外来技术名词与专业词汇出现各种各样的差别。不过，随着大陆与港澳台学术与行业等方面交流的增多，学者和专家对这种差异带来的不便感受越来越强烈，希望两岸及港澳的相关机构和专业人员在这方面加强协商，多采取一些有效的措施，使外来科技与专业词汇的翻译更加有规可循，并逐渐走向统一（许钧，1996；陆小美，2001；林巍，2005；吴静霓等，2007；裘禾敏，2008；夏晓云，2009）。

4.1.4　普通词汇翻译

除了专有名词和科技、专业术语，外来日常普通词汇的数量也很可观，因此普通词汇的翻译也必不可少。这不仅仅见于民间交往与交流资料的翻译，即便是学术研究和专业领域的资料，普通词汇仍占了很大一部分。普通词汇涉及的面很广，包括生活起居、衣食住行、读书学习、休闲娱乐、人际交往等。由于普通词汇种类繁多、数量惊人，翻译中出现的情况也纷繁复杂，译者面对的问题也是五花八门。迄今，这方面的研究为数不少（陈伟善，1998；Justina，2005；程祥徽，2010；林晓琴，2012；Wei，2012；曾达琪，2015）。两岸及港澳不同的语言和社会文化语境使外来普通词汇的翻译在译文词汇的许多方面都表现出了差异，如词义、词性、词语的结构、方言和外语的影响，等等。我们从无数的翻译实例中随机选出一些在这里加以探讨，以发现一些译文语言差异的特点和规律。

实例46：

英语原文：America **has carried on** not simply because of the skill or **vision** of those in high office, ...（引自奥巴马2009年美国总统就职演说，2009-01-20）

大陆译文：**支持美国前进的**不仅仅是领导人的能力和**远见**……（引自中国网，2009-01-21）

台湾译文：美国能**箕裘相继**，不仅因为居高位者有能力或**愿景**……（引自天涯社区网论坛，2009-01-22）

实例47：

英语原文：... a sapping of confidence across our land, a nagging fear that America's decline is inevitable, and that the next generation must **lower its sights**.（引自奥巴马2009年美国总统就职演

说，2009-01-20）

大陆译文：……现在一种认为美国衰落不可避免，我们的下一代必须**低调**的言论正在吞噬着人们的自信。（引自中国网，2009-01-21）

台湾译文：……是举国信心尽失——持续担心美国将无可避免地衰退，也害怕下一代一定会**眼格变低**。（引自天涯社区网论坛，2009-01-22）

实例46原文中的动词词组has carried on和名词vision，实例47中的动词短语lower its sights大陆译者分别译为一个较长的短语"支持美国前进的"、名词"远见"和形容词"低调"，而台湾译者在翻译中使用的三个表达"箕裘相继"、"愿景"和"眼格变低"都是大陆少见的。其中"箕裘相继"和"眼格变低"是主谓结构，作分句的谓语。如果把"箕裘相继"从译文中抽出单独呈现，估计不少大陆人不知其意。"愿景"一词虽然近年在大陆偶尔有人使用，但在大陆出版的《现代汉语词典》的"愿"字项下仍然不见踪影，网络工具《在线汉语词典》里也查不到，足见其不是大陆通用的说法。

实例48：

英语原文：We **honor** them not only because they are guardians of our liberty, ...（引自奥巴马2009年美国总统就职演说，2009-01-20）

大陆译文：我们**尊敬**他们（美国的先辈和勇士），不仅因为他们是自由的守护者……（引自中国网，2009-01-21）

台湾译文：我们**尊荣**他们，不只因为他们捍卫我们的自由……（引自天涯社区网论坛，2009-01-22）

实例49：

英语原文：... in the face of our common dangers, in this winter of our **hardship**, let us remember these timeless words.（引自奥巴马

2009年美国总统就职演说，2009-01-20）

大陆译文：……在**严峻的**寒冬中面对共同的挑战，让我们记住国父们不朽的语言。（引自中国网，2009-01-21）

台湾译文：……面对我们共同的危险，在这个**艰困**的冬天，让我们记得这些永恒的话语。（引自天涯社区网论坛，2009-01-22）

上面两个例子中大陆和台湾译文各有一个词语可以对比，即实例48英语原文里的动词honor和实例49原文里的名词hardship的翻译。大陆的译文分别是"尊敬"和"严峻的"，台湾的译文分别是"尊荣"和"艰困的"；英语动词honor的词性在两篇译文中都没有变，但英语名词hardship被转译为形容词。显然，台湾译者选用的这两个中文词在大陆使用的频率也比较低。"尊荣"在大陆通常用作名词，如"安富尊荣""安享尊荣"；"艰困"是"艰难"和"困难/困苦"两个词语合二为一，只是偶尔见诸字里行间——大陆描写寒冬最常用的形容词还是"艰难""严峻""严酷"等。

实例50：

英语原文：And also my **late** brother Fred, **great guy**. Fantastic guy.（引自特朗普美国总统竞选胜选演说，2016-11-09）

大陆译文：我还想感谢我**已经去世的**兄弟弗雷德，他也是一个**很好的人**，他很优秀。（引自翻译达人网，2016-11-11）

台湾译文：我也要感谢我**已故的**兄弟佛雷德，他是个**好人**、了不起的人。（引自台湾苹果日报网国际中心，2016-11-09）

港澳译文：还有我**过世的**兄弟弗莱德，**一个很棒的家伙**，一个很完美的人。（引自经典网/香港媒体，2016-11-10）

此例原文中late（brother Fred）在大陆、台湾和港澳的译法都不一样，大陆用的是"已经去世的"，台湾是"已故的"，而港澳是"过世的"。相比而言，后两种说法比前一种要稍微正式一些，至少在大陆是这样。但是，在翻译great和guy这两个词的时候，港澳译者却选用了比较口语化的词语"很棒的"和"家伙"，而大陆和台湾译者使用的词语又比较正式一些。这反映了各地译者对原文意境和词语情感色彩的不同理解。

实例51：

英语原文：Apple has lost a **visionary** and **creative** genius, and the world has lost an **amazing** human being. Those of us who have been **fortunate enough** to know and work with Steve have lost a dear friend and an **inspiring** mentor. Steve leaves behind **a company** that only he could have built, and his spirit will forever be the foundation of Apple.（引自苹果公司乔布斯悼词，2011-10-20）

大陆译文：一位**富有远见**、**充满创意**的天才离开了Apple。一位**杰出的**、**了不起**的人物告别了世界。曾**有幸**与他结识并共事的我们，从此失去了一位挚友、一位**精神**导师。Steve留下了**一家**唯有他才能创建的**企业**，他的精神将成为Apple永续前进的基石。（引自苹果公司大陆网站，2011-10-20）

台湾译文：Apple深悼一位**眼光远大**且**创意独具**的天才离开了我们，一位**了不起**的人物离开了世间。**何其有幸**认识并与Steve共事的伙伴，则失去了一位挚友与**精神**导师。Steve身后留下**一间**唯有他才可能创立的**公司**，他的精神将永远长存，并成为Apple永恒的基石。（引自苹果公司台湾网站，2011-10-20）

港澳译文：Apple失去了一位**创意**天才、**创见**先驱，世界失去了一位**杰出**奇才。**有幸**认识及曾与Steve共事的我们，失去了一位挚友、一位**启蒙**导师。Steve留下了**一间**由他一手创立的**企业**。他虽然离开了，但他的精神将永远长存，永远是我们的基石。（引自苹果公司香港网站，2011-10-20）

苹果公司为了悼念乔布斯，针对中国几个不同的地区都发布了中文版悼念词，并根据这几个地区不同的语言特点对悼词进行了不同处理，上面这一段是悼词的一部分。三段译文中翻译差别较大的词语和词组主要有visionary，creative，amazing，fortunate enough，inspiring，a company等。其中fortunate enough和a company两个词组的翻译特别值得一提：前者在苹果公司为大陆和港澳准备的译文里被翻译为"有幸"，在为台湾准备的译文里是"何其有幸"，在前面增加了一个词；后者在公布给大陆公众的悼词译文是"一家……企业"，发给台湾和港澳的译文使用的说法是"一间……公司"或"一间……企业"。显然，苹果公司针对我国这几个地区的悼词翻译版是经过一定斟酌的，看得出译者遣词用字的用心，尽量选择各地区人民熟悉和常用的词语。"何其有幸"在大陆的人听起来像文言文，有点做作的感觉；而"一间"在大陆通常是用来指各种类型的房屋，很少说"一间公司""一间学校""一间机构"等。这应该是苹果公司的译者没有在悼词的大陆翻译版里使用这一表达的原因。再看几个例子：

实例52：

英语原文：They were **surprised**.（引自Spencer Johnson, *Who Moved My Cheese?*）

大陆译文：感到有些**吃惊**。（引自吴立俊、罗琳译本）

台湾译文：感到很**讶异**。（引自游羽蓁译本）

实例53：

英语原文：They all **laughed**.（引自Spencer Johnson, *Who Moved My Cheese?*）

大陆译文：大家都**笑起来**。（引自吴立俊、罗琳译本）

台湾译文：大家不禁**相顾失笑**。（引自游羽蓁译本）

实例54：

英语原文：... a funny little story that changed **everything**.（引自Spencer Johnson, *Who Moved My Cheese?*）

大陆译文：这个故事使**一切**都改变了。（引自吴立俊、罗琳译本）

台湾译文：这个小故事也改变了我**周遭的每一件事**。（引自游羽蓁译本）

在实例52、53和54中，大陆和台湾都有一个词的译法不同。实例52中英语原词是surprised，实例53是动词laughed，实例54是不定代词everything。这三个词大陆的译文分别是"吃惊""笑起来""一切"，台湾的译文是"讶异""相顾失笑""周遭的每一件事"。在台湾译者使用的三个词语中，"相顾失笑"偶见于大陆的行文中，书面气息比较浓；其余两种表达对大陆读者来说比较生疏，但却是台湾读者耳熟能详的。

实例55：

英语原文：(Nathan) **echoed**；(He) **asked**；(Carlos) **said**；they were experiencing similar feelings；(Everyone) was trying to ...（引自Spencer Johnson, *Who Moved My Cheese?*）

内地译文：附和道；接着说；接着说道；但好像都有类似的感觉；试图……（引自吴立俊、罗琳译本）

台湾译文：附和著说；接著问；接著说道；每一个人却都正经历著类似的感觉；试著……（引自游羽蓁译本）

实例56[1]：

英语原文：Radio duties include, as appropriate, watchkeeping and technical maintenance and repairs conducted in accordance with *the Radio Regulations*, *the International Convention for the Safety of Life at Sea* and, at the discretion of each Administration, the relevant recommendations of the Organization.（引自钟伟静，2012：30）

大陆译文：无线电职责包括按照相应**的**《无线电规则》、《国际海上人命安全公约》以及由主管机关自行决定采用**的**本组织有关建议案所进行**的**值班、技术保养和维修。（出处同上）

---

1 钟伟静：《〈STCW公约马尼拉修正案〉的大陆译本和台湾译本的对比研究》，大连：大连海事大学硕士学位论文，2012：30。

台湾译文：无线电职责指依情况而定，包括依《无线电规则》、《海上人命安全国际公约》以及由主管机关决定实行<u>之</u>本组织有关建议所为<u>之</u>当值、及技术上<u>之</u>维护与修理。（出处同上）

在实例55的汉语译文中，大陆和台湾译者都多次使用了时态助词，但大陆译文里使用的是"着"，而台湾译文里是"著"。这两个时态助词在此处意义和功能都完全一样，但作为助词的"著"在大陆通常只见于比较古旧的文体中，而在台湾的繁体文中却并未过时，一直沿用至今。实例56中的大陆译文选自交通部组织翻译的由大连海事大学出版社2010年出版的《STCW公约马尼拉修正案》的译本，台湾译文来自台湾交通运输部门组织翻译和出版的同一份文件的译本。在这一例中，大陆、台湾的译文使用的助词同样存在差别，但这次是结构助词：内地使用"的'字的地方台湾全部以"之"字替代。台湾在平常的行文中较好地保留了包括"之"字在内的一些古字词的用法。这从许多外国电影的译名也看得出来，如《美少女战士谜之月影骑士》（*Sailormoon*）、《霓虹光管高高挂之女子公寓》（*How Deep Is Your Love*）、《科学怪人之再生情缘》（*Mary Shelly's Frankenstein*）。关于这一点，范武邱和胡健（2015）在对比大陆和台湾的军事术语时提到，谢楚"曾以台湾地区的大报刊登的文章作为语料，总结了台湾书面语保留大量文言痕迹的三大特点：第一，之、于、其、者、何、亦等文言词使用频繁；第二，从组成语素划分上，台书面语保留文言词语或具有文言色彩的词语；第三，词义上，直接引用或沿用古义或是借用古词来表示现代事物"。而后，两位学者举了译自英语术语air tasking order /confirmation，active weapon，amplitude的台湾和内地译文加以佐证："空中任务分派命令/批准"（大陆）/"空中任务派遣令之确认"（台湾）、"编制武器"（大陆）/"按编装表配发部队之武器"（台湾）、"天体出没方位角"（大陆）/"天体出没时之方位角"（台湾）。两位作者以台湾的一本"简明美华军语辞典"为例对此加以说明：在该词典收录的52 000个词条中，有723条的翻译含有"之"字，有122条的翻译含有"者"字，但大陆对相同英语词项的翻译却基本上不用

"之""乎""也""者"这些带有古旧色彩的词语。[1]相比之下，大陆语言的变化发展使这些古字词较少在行文中"亮相"，不过作为结构助词的"之"字在大陆比较正式的行文和成语中还不时可见其踪影。

实例57：

英语原文：Sport Band

Because it's made from a custom **high-performance** fluoroelastomer, the Sport Band is **durable and strong**, yet **surprisingly** soft. The **smooth**, dense material drapes elegantly across your wrist and feels comfortable next to your skin. An innovative **pin-and-tuck closure** ensures a clean fit. Available in white and black.（引自苹果公司官网表带篇）

大陆译文：运动型表带

由于采用特制的**高性能**Fluoroelastomer材料，运动型表带**十分坚固耐用**，却又**异常**柔软。**顺滑**致密的材质，优雅环绕于腕部，带给你舒适的触感。创新的**按扣加收拢式表扣**，确保佩戴时利落服贴。现有黑色和白色可供选择。（引自苹果公司大陆官网表带篇）

台湾译文：运动型表带

以特制的**优异**Fluoroelastomer材质打造，让运动型表带**格外强韧坚耐**，更是**意外**的轻盈柔软。**柔顺**致密的材质，优雅服贴你的手腕，肌肤感受舒适自在。创新**按插式表扣设计**，确保利落贴合。有白色和黑色可供选择。（引自苹果公司台湾官网表带篇）

港澳译文：运动表带

运动表带由特制**高效能**fluoroelastomer制造，**耐用强韧**，却又**出乎意料的**柔软，**顺滑**细密的质感，让它优雅环绕手腕，

---

[1] 范武邱、胡健：《海峡两岸军事术语翻译差异及原因探析》，《上海翻译》，2015（4）：30-31。

给皮肤舒适的感觉，并采用创新的**收入式钮扣**，确保佩戴服贴利落。备有黑色和白色可供选择。（引自苹果公司香港官网表带篇）

这一例与实例44为苹果公司同一则表带广告。这则广告对这款表带介绍得十分细腻、生动。我们这里要重点讨论的是原文中high-performance，durable and strong，surprisingly，smooth，pin-and-tuck closure几个说法的翻译。high-performance在大陆译文中被译为"高性能"，台湾译文选用的词语是"优异"，港澳译文用了"高效能"一词。严格地说，这几个地区译文中使用的词语意义是有差别的，大陆和港澳译文使用的词语意义具体一些，而台湾使用的"优异"一词含义比较宽广。形容词组合durable and strong在针对大陆的译文中是用"十分坚固耐用"表达的，台湾译文是"格外强韧坚耐"，港澳译文用的是"耐用强韧"。大陆和台湾译文都增加了修饰语，分别是"十分"和"格外"，但港澳译文没有；台湾译文使用的"坚耐"一词应该是"坚固""耐用"二词合并的，两个词这样结合对台湾同胞来说可能很平常，但对大陆人来说非常生僻。三篇译文对surprisingly的翻译差别更大，大陆选用的词语是"异常"，台湾译文为"意外的"，而港澳译文是"出乎意料的"。在大陆的语言中，"异常"通常表示非同一般、不同凡响，与"非常""十分""格外"等词语同义；而"意外的"和"出乎意料的"的意思基本相同，大陆一般用来指突然发生或没有预料到的事情，而且前者常常与不好或不幸的事件联系在一起，如"意外情况""意外怀孕""以免发生意外"等，因此大陆译者在翻译中是不太会选用"意外的"这个说法。smooth在这则广告中是形容词，为大陆和港澳使用的译本使用了"顺滑"一词达，而在台湾使用的译本中被译为"柔顺"。台湾版选用的这个词语在大陆通常用来形容温柔和顺的女性，用来指物品不太常见。最后，合成词pin-and-tuck closure在三个译本中的翻译简直就是"各执一词"，大陆是"按扣加收拢式表扣"，台湾是"按插式表扣"，而港澳译为"收入式钮扣"。可以肯定的是，每种译法对每个地区的人来说都是正确和恰当的，因为当地人都知道这是什么东西——其实就是先用按扣固定，然后把表带头插入另一边表带上的缝隙佩戴的表带。但是，由于大陆、台湾和港澳对表带的这种固定方式叫法不一样，因此译者也只得用本地人熟悉的说法。

实例58：

英语原文： Oswald: **What** dost thou **know me for**?

Kent: A knave, a rascal, an **eater of broken meats**; a base, proud, shallow, beggarly, **three-suited, hundred-pound, filthy worsted-stocking knave**; ...（引自莎士比亚《李尔王》第二场第二幕）

内地译文： 奥斯华德：你认识我<u>是谁</u>？

肯特：一个无赖；一个恶棍；一个<u>吃剩饭的家伙</u>；一个<u>下贱的</u>、骄傲的、浅薄的、叫化子一样的、<u>只有三身衣服、全部家私算起来不过一百镑的、卑鄙龌龊的、穿毛绒袜子的奴才</u>；……（引自朱生豪译本）

港澳译文： 奥：你认识我<u>系边个</u>呀？

健：我识你<u>系</u>无赖、地痞、<u>食尾</u>；我识你<u>系</u>个下流、<u>贱格</u>、狂妄、肤浅、卑鄙、<u>污糟辣挞</u>的奴才；……（引自黎翠珍译本）

这是黎翠珍教授1981年为香港海豹剧团翻译的莎士比亚悲剧《李尔王》中戏剧人物之间的一段对话，是为了适应本地观众、参考已有国语译本而翻译的粤语版。[1]黎译中的"系"（是）、"边个"（谁）、"食尾"（吃剩饭的家伙）、"贱格"（下贱的）、"污糟辣挞"（只有三身衣服、全部家私算起来不过一百镑的、卑鄙龌龊的、穿毛绒袜子的）都是粤语表达，后面三个说法是大多数说粤语的港澳人熟悉的骂人的话。观看名剧能够听到这么熟悉的话语，不但让观众更容易理解剧情，而且拉近了观众与故事中人物和场景的距离。这是翻译顺应方言的典型例子。实际上，港澳很多西方电影的译名也是极力顺应本地方言。如电影Meet the Parents（《拜见岳父大人》）被港澳译者翻译成《非常

---

1 陈善伟：《香港翻译剧的回顾1980—1990》，《戏剧杂志》，1998（4）：59-63。

外父捡女婿》，这里面的"外父"在港澳粤语中就是岳父的意思；另一部电影 What to Expect When You're Expecting（《怀孕指导手册》）在港澳的译名是《潮爆生仔秘笈》，而粤方言词"潮爆"是非常时髦的意思；电影 Magic Mike（《魔力迈克》）被港澳译者译为《光猪舞壮士》，中间的"光猪舞"在港澳粤语中其实就是指脱衣舞；还有一部名为 Horrible Bosses（《恶老板》）的外国电影在港澳流行的译名是《边个波士唔抵死？》，几个词语全是方言——"边个""波士""唔""抵死"的意思分别是"谁/哪个""老板""不""该死"，转换成普通话就是"哪个老板不该死？"。其中"波士"音译自 boss，早已为港澳人所熟悉。港澳译者翻译电影名称选择这些方言味很浓的词吾在顺应港澳同胞心理世界的同时很好地顺应了本地的语言语境，为电影的宣传起到了推波助澜的作用。

实例59：

英语原文：In the conference room behind him, eight company representatives **are completing** a three-day workshop.（引自 *Sing Tao Daily*/Job Market，1998-11-21）

香港译文：在他背后的会议室里，有八名公司代表人员，正在**进行**为期三天的工作坊。（出处同上）

实例60：

英语原文：He said the third quarter **is** "obviously **experiencing** a hard period."（引自 *Sing Tao Daily*/Job Market，1998-11-21）

香港译文：他说香港的经济现时正在**进行**一个痛苦的调整期。（出处同上）

这两个例子取自朱志瑜和傅勇林（2002）发表于《外语与外语教学》上的《英汉翻译的影响与香港书面汉语的语义结构变异》一文。在这两例之后作者还列出了香港其他类似的说法，包括"**进行**高姿态地展示实力""**进行**洗黑钱""与她**进行**访谈"等，还有"改善""维持""贯彻"等数个动词与宾语搭配的实例。[1]虽然文章里没有配内地的译文,但从香港翻译的用词足以看出其与内地标准语词语语义的差别。香港译者使用的这几个说法如果用内地的中文来表述,涉及"进行"的表述很可能被表达为"完成……工作坊"、"经历……调整期"、"(正在)高姿态地展示实力"(省掉"进行")、"(正在)洗黑钱"(省掉"进行")、"对她进行访谈"。动宾搭配涉及动词与作宾语的名词之间的及物性语义关系,在香港的翻译中,受英语的影响,原动宾语义关系发生了微妙的变化,导致语言表达发生了偏移,使香港英译汉译文里的用词与内地产生了偏差。文章作者认为:"……香港书面汉语正在发生明显的变化,这些变化以异质生成为特点,已经并正在使香港书面汉语与现代汉语产生着某种程度的疏离。这个过程的内在动因源自英语的历时与共时影响。另外,独具香港特色的翻译活动也在其中起着重要的作用。"[2]

普通词汇包罗万象,涉及社会生活的方方面面,上面列举出来讨论的例子只是一个缩影。但从这些实例及其分析中,我们至少可以观察到这些事实。在两岸及港澳的翻译实践中,同一外语普通词语的翻译表达往往有所不同,主要表现在以下几个方面:第一,选用的词语几个地区都有,但词义有所不同;第二,选用的词语词类有别,如一个在某一地区通常用作名词的词语在另一个地区却被用作动词,或者相反;在一个地区已经成为古旧词语的表达在另一个地区仍然是常用词语,或至少仍在书面流行;第三,同一个外语词语有的地区译为一个词,有的却译为一个短语甚至句子;第四,方言对翻译有较大影响,这主要发生在港澳的译文中;第五,外语对词语翻译的影响也显而易见,这种影响几个地区都存在,不过在港澳台的外译汉中表现尤为突出。除偶然因素(如译者个人的用词特点或文风等)导致的不同,两岸及港澳的语言语境对各地区译文的差异产生的影响不容小觑。这种影响在民间常用语的翻译中表现得尤为明显——这是各地译者竭力使译文顺应本地目的语读者和听者的结果,是十分自然的现象,当然也是两岸及港澳外译汉出彩之处。

---

1 朱志瑜、傅勇林:《英汉翻译的影响与香港书面汉语的语义结构变异》,《外语与外语教学》,2002,163(10):58-59。
2 同上,第60页。

4.2 语句与结构层面的顺应

语句与结构通常是指词汇层面以上、段落或篇章之下的语言单位,但有时很难严格区分开来,不过可以大体加以划分。这一节我们要讨论的语句与结构包括词语层面以上的短语、分句,起连接词语、短语和句子作用的介词和连词,起衔接与连贯作用的其他词语或方式,等等。在上一节的讨论中我们看到,海峡两岸及港澳在英译汉词汇层面的差别是相当多的;在语句与结构层面,四个地区的差别虽然相对少些,但仍然随处可见。国内一些学者和研究生对这方面的问题也做了不同程度的探讨(郑晓园,2001;邹耘,2008;陈鹏南,2014;范志伟,2015)。其中,邹耘讨论了内地与港澳英汉翻译中存在的差异,引用了大量的第一手资料,覆盖面也比较广,包括数词与量词短语的使用、动宾搭配、介词短语结构等。本节将从数词与量词短语、词性与结构、词序与句式、衔接与连贯、省略与增补几个具体角度探讨这方面的问题。

4.2.1 数词与量词短语

台湾和港澳使用的某些常用度量单位与大陆有所不同,如台湾的面积单位为"坪",重量单位为"台斤",香港的长度单位有"英尺"和"码"等,但这不是本节要讨论的重点。我们这里主要关注的是英汉翻译中海峡两岸及港澳译者在使用中文数词和量词构成数量词短语方面的异同,特别是差异。下面所举实例的英语原文选自邹耘(2008)的硕士学位论文,内地译文为内地常用的表达方式,港澳译文取自香港《明报》《星岛日报》《东方日报》等报刊。[1]

实例61:

英语原文:NASDAQ Index dropped **more than one hundred index points**.

(邹耘,2008:69)

---

[1] 邹耘:《中国内地人与澳门人英汉翻译差异之比较》,广州:暨南大学硕士学位论文,2008。

内地译文：纳斯达克指数下跌了**一百多点**。

港澳译文：纳斯达克指数下跌了**百多点**。

在实例61中，港澳译文里数量词短语少了数词"一"，这是港澳比较通行的简便说法，即当数量单位"百""千""万""百万""亿"等前面的数字是"一"的时候，这个"一"往往被省掉。还有不少类似的例子，如把"她输掉了一万元钱"说成"她输掉了万元钱"，把"一个多月前我到过那里"说成"个多月前我到过那里"。在内地，正式数数的时候是不能这样做的，只有一些表示概数的熟语可以省略，如"百里挑一""万人大会""百万大军"。

实例62：

英语原文：Yang Yingxin said that it cost several ten thousand dollars to install **a screen** in Hong Kong while it cost **more than ten thousand dollars** in the Mainland.（邹耘，2008：35）

内地译文：杨颖欣说，在香港安装**一个荧屏**需要成本数万元，而在内地则只需要**一万多元**。

港澳译文：杨颖欣说，在本港安装**一荧屏**，需要成本数万元，而在内地则只需要**万多元**。

实例63：

英语原文：However, the Chief Executive of the Hong Kong Special Administrative Region Tung Chee Hwa has never used **this right**.（邹耘，2008：40）

内地译文：但董特首从来没有用过**这项权利**。

港澳译文：但董特首从没有运用**这权利**。

实例64：

英语原文：The more **the lady** said, the more excited she became. At last two hosts persuaded her to calm down.（邹耘，2008：40）

内地译文：**这位女士**越说越激动，最后还是两位主持劝她冷静下来。
港澳译文：**这女士**愈说愈激动，最后要两位主持劝她冷静下来。

在实例62中，港澳译者翻译a screen时省掉了数词后面的量词"个"，翻译more than ten thousand dollars时省掉了"万"字前面的数词"一"。实例63中，翻译this right这个名词词组时省掉了"这"后面的量词"项"。实例64中，翻译the lady这个指称时，港澳译者也未使用内地人通常会用的量词"位"或"个"。这类表达在港澳的媒体和日常行文中比较常见，如"这信""这画""这危险""这看法""三苹果""那问题"。虽然在内地的口语中偶尔也会听到类似的说法，但在正式文体中却极少看到。因为在内地的人看来，这种"俭省"的说法是不正规的，登不了大雅之堂。港澳中文的这类表达与英语的影响不无关系，因为这类意思英语通常就不使用量词，这从实例62、63、64英语原句中的a screen，this right，the lady也能看出，其他还有如a man, five hot dogs, that guest。

4.2.2 词性与结构

词性与结构是相辅相成的，词性不一样的词语在组成短语或句子时往往会生成不一样的结构；如果一个词的词性变了，与其关联的结构很可能也随之改变。随着时间的推移，语言中词语的类别以及常与它们搭配的词语都可能发生或大或小的变化，由它们构成的常用语言结构也就可能随之改变。历史上由于海峡两岸及港澳长期分隔，各地区的语言发生了变异，这些变异不同程度地表现在词性和与之搭配的短语和句子结构上，这种情况从下面的实例中可见一斑。

实例65：
英语原文：Obviously she was **angry** with Monica Lewinsky.（邹耘，2008：31）
内地译文：她明显因莱温斯基而感到**恼怒**。
港澳译文：她明显**恼怒**吕茵丝姬。

实例66：

英语原文：It is not necessary for parents to **label** a third party as an evil man who was guilty of the most heinous crimes.（邹耘，2008：34）

内地译文：父母没有必要**把**第三者**当成有标签的**罪大恶极的坏人。

港澳译文：父母没有必要把第三者**标签成**罪大恶极的坏人。

实例65英语原文中的angry是形容词，内地汉语译文中使用的"恼怒"也是形容词；港澳译者虽然选用了同一个词语，但却将其作为动词使用，词义变成了"使……恼怒"。在实例66中，内地译文用"把……当成有标签的……"这个"把"字结构表达了英语动词label的意思；港澳译者虽然也使用了"把"字结构，但却将标准汉语中的名词"标签"当作动词使用。这两个港澳译例中"恼怒"和"标签"的用法偏离了标准汉语的常规。再看另外两例：

实例67：

英语原文：This will... **rationalize** all dirty tricks of reducing salaries.（邹耘，2008：31）

内地译文：这么一来，……就**使**所有减薪恶行**合理化**。

港澳译文：这么一来，……更**合理化**了所有减薪恶行。

实例68：

英语原文：He is **confident** that we shall pass the examination.（邹耘，2008：32）

内地译文：他**对**我们可以通过考试**有信心**。

港澳译文：他**有信心**我们可以通过考试。

这两个例子的具体情况与实例65和66稍有不同，港澳译文很明显是受到了英语结构的影响。普通话的规范用法是"使……合理化"，而不是"合理化……"，即"合理化"后面不能直接跟一个宾语。类似的表达还有"使……合法化""把……信息化""将……系统化"等，需要一个介词把受事引出来。港澳译文直接将受事置于"合理化了"后面，同英语动词rationalize的动宾结构是一致的。英语中这一类派生动词有很多，如nationalize, globalize, localize, informationalize。实例68英语原文中的形容词confident在内地和港澳译文中均转为名词，再加上动词"有"，表达原文is confident的意思，这一点内地与港澳译文没有区别；但是，与上一例类似，内地译文使用了一个"对"引导的介词结构，即"对……有信心'，这是内地汉语正规的表达。当然，普通话也可以说"你/我/他有信心通过考试"，但直接在"有信心"后面跟一个分句这样的结构在内地正式文体中并不多见。

实例69：
英语原文：The government has not set **a date** for Berithar to leave the country.（邹耘，2008：43）
内地译文：政府没有贝里沙离开本国的**期限**。
港澳译文：政府未有**期限**贝里沙离开本国。

如果说实例67和68的港澳译文内地读者还能够勉强接受的话，实例69的港澳译文可能很难被内地人认可。从汉语的角度看，此句结构偏离得太远。译文中港澳译者仿照英语的结构，将一个分句放在名词"期限"的后面作它的限定语，这与英语定语从句的用法相似。翻译中这样处理译文的方式在港澳地区正逐渐增多，如"有规定非工作人员不能进去""表明了他的看法这个工程有问题""问了问题今后还有没有这种机会"，但在内地这样的表达是不符合汉语语法的。

实例70：
英语原文：She denied **favoring** her own writing.（邹耘，2008：32）
内地译文：她否认对自己的著作**偏私**。
港澳译文：她否认**偏私**个人著作。

实例71：

英语原文：Father will fly from Beijing to Guangzhou to **join** them.（邹耘，2008：32）

内地译文：父亲会从北京飞往广州**与**他们**会合**。

港澳译文：父亲会从北京飞往广州**会合**他们。

实例72：

英语原文：The staff of the Philippine Airlines did not **contact** me voluntarily.（邹耘，2008：32）

内地译文：菲航职员没有主动**与**我**接触**。

港澳译文：菲航职员没有主动**接触**我。

在标准普通话里，"偏私"和"会合"通常用作不及物动词，"接触"涉及物体时可以是及物的，但如果表示与他人联系或发生某种关系，一般是不及物动词。但在上面三个实例中，"偏私""会合""接触"这三个词都被港澳译者用作及物动词，分别构成了"偏私个人著作""会合他们""接触我"三个动宾结构，与对应的三个英语动词favor，join，contact的用法和结构相同，让我们又一次看到英语对港澳译文的影响。

实例73：

英语原文：After the Talibans a few days ago shot down a reconnaissance plane which no one piloted on Sunday, they claimed that they shot down **one more** unidentified plane in north Samangan.（邹耘，2008：45）

内地译文：继塔利班武装分子几天前击落了一架无人驾驶侦察机之后，星期日他们声称在北部的萨曼甘省**又**击落了**一架**来历不明的飞机。

港澳译文：塔利班部队继前日击落了一架无人驾驶侦察机后，星期日又声称在北部萨曼甘省击落**多一架**来历不明的飞机。

实例74：

英语原文：Residents welcome the television station to hold **some more** game shows which give prizes.（邹耘，2008：73）

内地译文：市民欢迎电视台**多搞一些**有奖游戏节目。

港澳译文：市民欢迎电视台**搞多一些**有奖游戏节目。

实例73和74这两个例子的翻译也跟词性与结构相关。实例73中内地译文将英语原文中unidentified plane的定语修饰语one more分解为副词"又"和修饰语"一架"两个部分，将其置于"又+动词+宾语"这一结构里，构成动宾短语"又击落一架"；但港澳译文不同，译者不但选用了"多"字，而且将其置于动词"击落"之后，与"一架"一起作名词词组"来历不明的飞机"的限定语，这与英语修饰语one more在原文里所处的位置相当。实例74中内地译文用汉语"多"作副词表达英语原文中more的意思，构成偏正结构词组"多搞"，将"一些"放在后面作"有奖游戏节目"的修饰语；这一例的港澳译文将"多一些"作为名词的修饰语直接放在"有奖游戏节目"之前，这样"多"就不是修饰动词"搞"的状语。此类表达形式在今日港澳俯拾即是，是粤语方言中常用的说法，如"吃多一口饭""买多一件衣服""给多一点钱"。这些说法与内地正规表达的词序刚好相反，内地这种情况下通常是把"多"作为副词放在动词的前面而不是后面，说"多吃一口饭""多买一件衣服""多给一点钱"。

实例75：

英语原文：The virus usually is latent **inside human beings** for two to seven days.（邹耘，2008：36）

内地译文：病毒一般**在身体内**潜伏二至七天。

港澳译文：病毒一般**在身体**潜伏二至七天。

实例76：

英语原文：Gao Tong was suspected to quarrel with his classmate for a trifle during a break. He was very angry and hurried to the classroom. He took a two-inch multi-functional folded knife **from his schoolbag** to threaten his classmate and pushed down the desks and chairs, threw the plastic bottles and the stationery.（邹耘，2008：37）

内地译文：高童在小息期间，疑与同学因琐事争执，一怒之下，疾步返回教室，**从书包里**取出一柄2寸长的多用途折刀威吓同学，还推倒桌椅，乱扔塑料瓶及文具。

港澳译文：高童在小息期间，疑与同学因琐事争执，一怒之下，疾步返回教室，**从书包**取出一柄2寸长的多用途折刀恫吓同学，还推倒桌椅，乱扔胶樽及文具。

实例75和76的译文与汉语介词的用法相关。两例的英语原文inside human beings和from his schoolbag都是介词短语，译成中文介词短语"在身体"和"从书包"后港澳译文比内地译文各少了一个表示方位的词语"内"和"里"。港澳中文的这种现象比较普遍，其他的例子如"（人）在田地劳动""（鸟）在大树鸣叫""（他）从碗柜拿出一个碟子"等，三个介词短语分别省略了"里""上""里"几个方位词。这种省略形式也是受英语的影响，对应的英语介词结构的后面没有方位词。不过，当省略可能造成误解的时候，港澳行文中就不会省掉相关的方位词。例如，如果"在汽车前""从大门后""向大树下"三个介词短语中的方位词被省掉，短语表示的方位就不清楚，所以港澳中文里通常还是会保留这些方位词。

翻译中时态的表达也涉及词性与结构，比如汉语时态助词"过""了""着"等的使用。在这方面，内地与港澳既有相同之处，也存在一些差异，特别是在是否把"有"字作为时态的标志方面差别明显。这里也举一两例来讨论内地与港澳英译汉在时态表达上的不同。

实例77：

英语原文：Facing the fact that China will enter the World Trade

Organization, domestic enterprises **have merged**.（邹耘，2008：39）

内地译文：国内企业面对中国即将入世的形势，也**进行了**合并。

港澳译文：国内企业面对中国即将入世，亦**有进行**合并。

实例78：

英语原文：We still **keep in touch with** each other, however, we do not make any progress.（邹耘，2008：39）

内地译文：我们仍**保持着联系**，但没有什么进展。

港澳译文：我们仍**有保持联系**，但没有什么进展。

在这两个实例中，港澳译文将英语原文里的have merged（实例77）和keep in touch with（实例78）分别译为"有进行"和"有保持联系"。其中，"有进行"中的"有"表示完成，"有保持联系"中的"有"与"仍"一起表示当前存在的状态。港澳语言中"有"的第一种用法较第二种用法出现的频次高得多。其他类似的例子有"我有去过香港""你有吃饭吗？""我有吃饱""他有被抓住"等。众所周知，"有"作为时态助词在港澳语言中颇为流行。实际上，"有"的这种用法已经传入内地，年轻人中运用较多，媒体不少娱乐节目主持人的口中也会不时蹦出这样的说法。笔者就经常听到内地年轻人在日常交际中把"有"用作时态助词。许多学者认为，"有"的这种用法是受英语等西方语言的影响，但也有人认为这是闽南或港澳方言原本就有的说法。目前，不少人对内地借入港澳的这种说法提出了批评，甚至还有人认为港澳的这种表达是滥用"有"字，必须加以避免或禁止。如果说批评还有一定道理，要求强行禁止就有点强人所难了；即便真的去阻止，恐怕也会事倍功半。原因其实很简单——方言也好，受外语影响也罢，这都是港澳同胞约定俗成的说话和行文方式，他们已习以为常。因此，在这样的现实语境下，港澳译者将类似实例77和实例78的外文表达翻译成"有+动词"的形式，只不过是为了顺应本地的语言语境，无可非议。

4.2.3 词序与句式

上面的讨论也涉及词序和句式，但不够详细。我们这里将其列作一个相对独立的题目加以探讨，以聚焦这方面的问题。就翻译而言，无论译者来自何地，译文为谁而作，翻译过程中都可能涉及目的语词序的调整和句式的改变，大陆和港澳台的翻译当然也不例外。不过，我们这里特别关注的是海峡两岸及港澳汉语译文词序与句式的差别。这些差别有的可能是偶然的因素造成的，但有的也可能与译者所处语言语境和社会文化语境相关。先看下面两例日常用语：

实例79：
英语原文：I'm sorry I have to **go first** because I have to catch the train.
内地译文：对不起，我要赶车，我得**先走**了。
港澳译文：对不起，我要赶车，我得**走先**了。

实例80：
英语原文：I think the food in this restaurant **tastes better than** the food in that one.
内地译文：我认为这家餐馆的菜**比**那家的**（更）好吃**。
港澳译文：我认为这家餐馆的菜**好吃过**那家的。

实例79港澳译文中由go first翻译过来的"走先"是一个说明粤语方言影响翻译的典型例子，也是与内地标准语最明显的差异之一。在这里，港澳的"走先"取代了内地的"先走"，即作状语的副词"先"被置于动词"走"的后面。这是粤语里很特别的一种表达，同类的说法粤语日常话语中比比皆是，如"我吃先""你讲先""你帮我做这件事先"。除了"先"，其他某些词语也可以这样使用，如"买一只添就够了"，意为"再买一只就够了"；"食多碗饭添"，意思是"再（多）吃一碗饭"，"添"被用作后置状语（也有人认为是动词补语）。在实例80中，英语原文里的tastes better than... 在内地通常会被译为"比……（更）好吃"，程度状语"更"出现在"好吃"前面，外加一个由

"比"引出的表示比较的介词短语。在港澳译文里,这个英语表达一般都会被译为"好吃过……",被比较的东西放在"过"的后面。

实际上,从外国影视作品名称的翻译中也能看出大陆、台湾和港澳在语言表达上与结构相关的一些重要差异。下面是几部西方电影名称不同的中文译名:

实例81:

英语原名:*Evolution*; *Monsters vs. Aliens*; *Love and Other Drugs*; *Crazy, Stupid, Love*

大陆译名:《进化》《大战外星人》《爱情与灵药》《疯狂》《愚蠢》《爱》

台湾译名:《在特区进化》《怪兽大战外星人》《爱情药不药》《熟男型不型》

港澳译名:《地球再发育》《天煞撞正怪怪兽》《爱情恋上瘾》《滚搞了爱情》

这几部外国电影名称的不同译法反映了各自译名结构的特点:大陆译名通常较短,往往只是单个的词语或由数个词语并列组合而成,如"进化"和"爱情与灵药",或至多是一个短语,如"大战外星人";台湾和港澳的译名因意思表达得比较具体而且发挥较多大都较长,并且常常以句子的形式呈现,如台湾的《怪兽大战外星人》和港澳的《地球再发育》。从本书第三章表3-1中也可以看出大陆与台湾和港澳的语言表达结构的上述差别。

实例82:

英语原文:Thank you. Thank you very much, everyone. **Sorry** to keep you waiting. **Complicated business, complicated**. Thank you very much.

...

... we owe her a major debt of gratitude for her service to our country.

... And now I would like to take this moment to thank some of the people <u>who really helped me with this, what they are calling tonight a very, very historic victory</u>.（引自特朗普美国总统竞选胜选演说，2016-11-09）

大陆译文：谢谢你们，非常感谢你们每一个人。<u>抱歉</u>让你们久等了。<u>真是棘手的工作，非常棘手</u>。再次感谢你们。

……对于她（希拉里）为国服务的经历，我们欠她一个感谢。

……现在我想利用这个时刻感谢那些曾帮助过我的人，<u>是他们帮助我取得了今晚这一历史性的胜利</u>。（引自翻译达人网，2016-11-11）

台湾译文：谢谢，谢谢大家，<u>不好意思</u>让你们久等了。<u>真是一场缠斗</u>。非常感谢大家。

……

她对国家的长期奉献，我们欠她一个应有的感谢。<u>我衷心如此觉得</u>（添加的话语）。

……现在我要利用这个时刻，感谢<u>真正帮助我们的一些人士，他们说今天是非常非常历史性的胜利</u>。（引自台湾苹果日报网国际中心，2016-11-09）

港澳译文：谢谢！非常感谢，每一个人。<u>抱歉</u>让你们久等。<u>今天如此激烈的选战，真是太揪心了</u>。非常谢谢你们！

……

……她为整个国家做出了很多贡献，我们欠她一个感谢。

……现在，我想感谢<u>那些真正帮助我的人们，因为拥有他们，才有了今天这个晚上，才有了这次历史性的胜利</u>。（引自经典网/香港媒体，2016-11-10）

笔者从大陆、台湾和香港收集到特朗普2016年总统胜选演讲的三篇译文中选择了演讲的开场白作为实例83加以讨论。这里要分析的有三处：（1）英语原文词语sorry；（2）省略句Complicated business，complicated；（3）定语从句...who really helped me with this, what they are calling tonight a very, very historic victory。先看sorry在三篇译文里的中文表达：大陆和港澳是"抱歉"，台湾是"不好意思"，台湾的翻译要口语化一些，听起来也更温柔。Complicated business，complicated是特朗普对总统选战激烈程度的描述，同时仿佛也暗示自己迟到的原因。大陆译者将其译为"真是棘手的工作，非常棘手"；台湾的译文是"真是一场缠斗"，译文较短；香港的译文最长，使用了一个完整的句子："今天如此激烈的选战，真是太揪心了。"显然香港译者对原文要表达的意境想象最为丰富，译文发挥最多。原文里限定some of the people的定语从句...who really helped me with this, what they are calling tonight a very, very historic victory的结构比较复杂，本身还带了一个由疑问词what引导的同位语从句。大陆的译文为"是他们帮助我取得了今晚这一历史性的胜利"，台湾网站将其译为"真正帮助我们的一些人士，他们说今天是非常非常历史性的胜利"，港澳的译文是"那些真正帮助我的人们，因为拥有他们，才有了今天这个晚上，才有了这次历史性的胜利"。如果比较一下这句话的译文不难发现，大陆译文最简短，主要的原因是省去了原文里what they are calling所表达的意思——可能是译者认为没有必要翻译出来。台湾和港澳的译文比较长，而港澳译文的句子最长，整个句子被分为四小段，虽然也没有把what they are calling的意思直译出来，但是"因为拥有他们，才有了今天这个晚上"这个因果关系句在很大程度上属于译者的发挥。总的来说，大陆的译文比较中规中矩，尽量紧贴原文，因而句子相对也较短；而台湾和港澳的译文对原文的发挥较多，所以句子往往也比较长。

4.2.4 衔接与连贯

讨论翻译的语句与结构不可能不涉及衔接与连贯，因为这是构建语句与结构使行文逻辑顺畅和前后呼应的关键因素。语言衔接手段与方法多种多样，包括使用衔接词和词组、运用（人称）代词或指示代词、重复出现过的词语，等等。海峡两岸及港澳中文使用的衔接手段与方法大体相同，但在具体用词和方式选择方面也有一些差别。比如，"因为……所以"这类组合型的衔接方式，就存在同时使用前后两个部分还是仅仅使用其中一个词语的问题。在下面的例子中，实例

84、85、86、87、88、89均选自邹耘（2008）的硕士学位论文，港澳译文引自香港《明报》《星岛日报》《东方日报》等报刊，内地译文是笔者按内地语言的常规进行的翻译。

实例83[1]：

英语原文：The Chinese economy is expected to make a soft landing, a result of macroeconomic control which will curb inflation **while** maintaining rapid economic growth without major fluctuations.

内地译文：中国经济预期可实现软着陆，这是宏观经济调控的结果。<u>它</u>会控制通货膨胀，<u>同时</u>避免经济的大起大落，保持经济的快速增长。

港澳译文：在宏观调控下，中国经济可望软着陆，<u>既能</u>遏制通胀，<u>亦可</u>保持经济迅速增长，避免出现重大波动。

实例84：

英语原文：Yang's father said that **so long as** he saw the smiling face of Caiyi, he felt happy.（邹耘，2008：50）

内地译文：杨爸爸说，<u>只要</u>看见采怡的笑脸，<u>就</u>感到快乐。

港澳译文：杨爸爸说，<u>只要</u>看见采怡的笑脸，<u>便</u>感到快乐。

实例85：

英语原文：In the Volleyball World Championship held in Germany on Monday, **although** the team of China in the fourth round group competition did not assign the main force to take part in the competitions, the team of China defeated the team of Poland in the former three rounds.（邹耘，2008：69）

内地译文：在德国举行的世界女子排球锦标赛上，<u>虽然</u>中国队周一于第

1　范志伟：《浅谈香港和内地翻译风格之别》，道客巴巴，2015-02-12. http://www.doc88.com/p-4095139519876.html.

四轮分组赛上收起了部分主力，<u>但</u>在这之前直落三局击败了波兰队。

港澳译文：于德国上演的世界女子排球锦标赛，中国队周一<u>纵</u>于第四轮分组赛上收起部分主力，<u>但</u>仍以直落三局击败波兰。

在这三例中，内地和港澳译文使用的衔接词有细微差异。实例83中内地译文用代词"它"指代前面说过的内容，这在内地是完全可行的；港澳译文用的是起衔接作用的词组"既能……亦可"。虽然内地翻译也不一定非得使用代词"它"，但港澳译者不选用这个代词并非偶然，因为使用"它"指代前面说过的话这种方法在港澳并不普遍。实例84也有一个选择具体衔接词的问题，虽然内地和港澳译文前面都用了"只要"一词，但后面与之呼应的衔接词却并不一样：内地译者选用了"就"——"就感到快乐"，港澳译者选用的词却是"便"——"便感到快乐"。这是因为在表示衔接的时候，港澳行文中很少用"就"字作"只要"的搭配词，习惯上都是使用"便"字与之配合。当然，类似情况下内地译者在比较正式的语体中才可能选用"便"字。虽然实例85里有好几处内地和港澳的译法不同，但是我们在这里的主要关注点是原文里的让步从属连词although在两段译文中的表达方式。内地使用了"虽然……但（是）"这个最常规的连接性词组表达原文转折的意义，而港澳译者却选用了港澳人更熟悉的"纵（然）……但（是）"。两种选择都符合各自地区读者的语言习惯。

实例86：

英语原文：Civil Aviation Department responded that they do not see that air pollution affects the operation of the airport. It is because aeroplanes fly by using meters **even though** visibility is not clear, it will not affect the take-off and landing of aeroplanes.（邹耘，2008：47）

内地译文：民航回应说，没有发现空气污染影响机场运作，因为飞机靠仪表飞行，<u>即使</u>能见度低，升降<u>也</u>基本上不受影响。

港澳译文：民航作出回应，未见空气污染影响机场运作，因为飞机靠仪表飞行，**即使**能见度低，升降基本不受影响。

实例87：

英语原文：According to the latest information of the Census and Statistics Department, **only** from April to June last year, there were as many as 176,000 Hong Kong people who worked in Mainland. It was 80% more than the numbers in 1995. There were more than 30,000 Hong Kong women who worked in Mainland.（邹耘，2008：47）

内地译文：统计处最新资料显示，<u>单是</u>去年四至六月，在内地工作的香港人<u>就</u>多达17.6万人，较1995年增加了8成，在内地工作的女性<u>也有</u>3万多人。

港澳译文：据统计处最新资料，<u>单是</u>去年四至六月，在内地工作的港人多达17.6万人，较1995年增加8成，内地工作的女性<u>亦有</u>3万多人。

这两例内地译文与港澳译文的差别有相似之处，即内地使用的衔接词组比较完整，而港澳译文往往会省掉衔接词组的第二部分。具体来说，实例86内地译文中的让步词语组合"即使……也"的前后两个部分均呈现了出来，但港澳译文只保留了第一部分"即使"而没有使用"也"或"仍"等与之呼应。实例87内地译文里的衔接性词组"单是……就"是一个表示强调意义的搭配，同实例86一样，内地使用了完整的衔接词语组合，而港澳译者又略去了呼应词"就"。另外，在最后一句中，港澳译者在翻译There were ... in Mainland这句话时，选择了"亦有"一词来表示此句与前面行文的关系——这个词内地读者听起来要比"也有"正式得多。

实例88：

英语原文：**In addition to** traditional walks of life, a lot of people who have a mind to start an enterprise proposed their creative proposals and asked for the advice of the experts of the center.（邹耘，2008：48）

内地译文：**除了**传统行业**外**，不少有意创业的人**还**提出了很有创意的方案，请教中心专家的意见。

港澳译文：**除了**传统行业，不少有意创业者提出很有创意的方案，请教中心专家的意见。

实例89：

英语原文：Mr. Qiu, Who is the leader of the Boy Scouts, and has many years of experience of camping, pointed out that the camping ground governed by the Agriculture, Fisheries and Conservation Department had not always been governed well. The camping ground was **not only** full of weeds **but also** the hygiene there was very bad. There were a lot of mosquitoes. **Therefore**, he did not choose the camping ground which was owned by the Government as far as possible.（邹耘，2008：48）

内地译文：有多年露营经验的童子军领导丘先生指出，渔护管理部门管辖下的营地一直管理不善，**不但**杂草丛生，**而且**卫生情况极差，蚊子**也**特别多，**所以**他尽量不选择政府管理的营地。

港澳译文：有多年露营经验的童子军领袖丘先生指出，渔护署辖下的营地一直管理不善，**不但**杂草丛生，卫生情况极差，蚊子数量特别多，**故**他尽量不会选择政府营地。

实例88英语原文开头表示附加意义的介词短语in addition to被内地和港澳译者分别译为"除了……（以）外"和"除了……"，港澳译文短语的末尾没有带上"外"字。虽然内地的行文有时也会省去"除了"之后的"外"字，但使用这个呼应词的时候还是远远多于省略的时候。在实例89的内地译文中，"不但""而且""也"三个衔接词相互配合，一步步将政府有关机构所管露营地脏、乱、差的情况刻画得入木三分，最后一个"所以"道出了上述因素产生的结果——童子军领导不愿意选择这种营地。虽然港澳译文中相对应的地方并未出现类似内地译文中"而且""也"这类与前面衔接词呼应的词语,但译文在港澳本地目的语读者看来是顺畅的,因为这种情况下港澳行文用与不用这类呼应词语感觉是一样的。另外,港澳译者最后一句话开头选用的意义和作用与"所以"相当的"故"一词也是非常正式和书面化的表达。

4.2.5 省略与增补

首先看一则取自新闻报道的实例:

实例90:

英语原文:"Speaking on behalf of the cast and crew of *The Dark Knight Rises*, **I** would like to express our profound sorrow at **the senseless tragedy that has befallen the entire Aurora community**. **I would not presume to know anything about the victims of the shooting but that they were there last night to watch a movie.** I believe movies are one of the great American art forms and the shared experience of watching a story unfold on screen is an important and joyful pastime. The movie theatre is my home, and the idea that someone would violate that **innocent and hopeful place** in such an unbearably savage way is devastating to me. Nothing any of us can say could ever adequately express our feelings for the innocent victims of this appalling crime, but our thoughts are with them and their families."(引自时光网,2012-09-03)

内地译文:**导演**克里斯托弗·诺兰代表《黑暗骑士崛起》剧组演职人员发表声明,称**枪击事件是一场灾难**,对事件中受害的**无辜观众**表示沉痛哀悼。**诺兰**还称:"我相信电影在美国是一种伟大的艺术形式,在大银幕前观看故事,与众人分享观影体验,是一种很重要很愉悦的娱乐方式。电影院是我的家,看到有人以如此野蛮的方式在**电影院**搞暴力破坏，对我来说是一场灾难。对于此次枪击案件中的无辜受害者，再多的话语也无法充分表达我们的悲痛之情，我只想说我们的心与他们和他们的家人在一起。"（引自时光网，2012-09-03）

台湾译文："我谨代表《黑暗骑士：黎明升起》的所有剧组及演员，表达我们对**发生在奥洛拉市毫无理性的惨剧**深刻的悲痛。**我不会冒昧推测整个事件，但所有的受害者都只是去看了一部电影**。我一直相信电影是美国最伟大的艺术形式之一，看着电影屏幕上呈现的故事是共同分享且欢乐的时光。对我来说，电影院就是我的家，而有人会在这**单纯且充满希望的地方**做出这么野蛮令人无法容忍的行为，让我感到相当难过。对于受害者，我们也许无法表达足够的伤痛，但我们的心会一直与他们以及他们的家人同在。"（时光网引自台湾官网，2012-09-03）

港澳译文："谨代表《蝙蝠侠——夜神起义》演员及幕后工作人员为于**奥罗拉所发生的不幸惨剧**表示深切的哀思。**我虽不认识受害者，但是昨晚他们都是在戏院中欣赏电影**。我相信电影是伟大的美国艺术项目之一，而在银幕上一同观赏故事发展是一个重要及充满喜乐的消闲节目。电影院是我的家，对于有人以残酷不仁的方式侵犯了戏院这**纯真与充满希望的地方**，对我而言是很大的打击。没有言语足以表达我们对这宗骇人听闻的罪行的无辜受害者的感受，但是我们的心与他们及其家人同在。"（时光网引自香港官网，2012-09-03）

这是电影《黑暗骑士崛起》（*The Dark Knight Rises*）导演克里斯托弗·诺兰发表的一篇简短声明，是对该电影2012年7月20日在美国奥罗拉市（Aurora）首映式上发生的一起严重枪击案的谴责，同时也是对几十名遇难者的哀悼。就翻译而言，大陆译文与台湾和港澳译文最明显的差别就是声明前半部分内容呈现的形式——大陆使用了间接形式，而台湾和港澳整篇译文都保留了英语原文直接引语的形式。另一个比较明显的差异是大陆译者对原文的省略与综合较多,而台湾和港澳译者翻译中对原文的综合与省略很少,翻译得十分细腻。例如,大陆译者对原文中的短语the senseless tragedy that has befallen the entire Aurora community的意思综合后简译为一个短句"枪击事件是一场灾难",而台湾译者将其译为"发生在奥洛拉市毫无理性的惨剧",港澳译文是"奥罗拉所发生的不幸惨剧"。相比之下,台湾和港澳译文更加忠实于原文字面意思,行文也较长,不过两个都是名词性短语;大陆译文不但省掉了事件的发生地,而且没有翻译修饰语senseless所表达的意思,行文较短。下一句的翻译与上面的情况非常相似,而且几个地区之间行文差距更大。原文I would not presume ... watch a movie是一个很长的句子,它表达了两层意思,一是说明对枪击案受害者的具体情况并不了解,二是声明态度——虽然对观众不了解,但他们遭到枪击是毫无道理的,因为他们只不过在看一场电影。这么长的一个句子大陆仅仅用了"无辜观众"四个字就高度概括了,而台湾和港澳的译文都很长,分别是"我不会冒昧推测整个事件,但所有的受害者都只是去看了一部电影""我虽不认识受害者,但是昨晚他们都是在戏院中欣赏电影"。台湾译文的前半部分"我不会冒昧推测整个事件"翻译的是原文I would not presume to know anything about the victims of the shooting的隐含意义,而港澳的译文"我虽不认识受害者"却是紧扣原文字面意思的翻译。还有一个名词短语的翻译也存在同类情况,这个短语是innocent and hopeful place:大陆的译文"电影院"未将原英文短语中的修饰词语表达的意思翻译出来,而台湾译文"单纯且充满希望的地方"及港澳译文"纯真与充满希望的地方"却完整地表达了innocent and hopeful的意思,所以这个短语的译文也是大陆的短,台湾和港澳的长。就整段的翻译而言,大陆译者的翻译倾向于概括和省略一些译者认为对大陆读者无关紧要的东西,因此译文中许多句子和表达要简短一些;台湾和港澳译者比较忠实于原文字面表达,省略较少,而且在原文的基础上还有一定的发挥,所以行文较长。当然,大陆与台湾、港澳译文的这种差别也不是绝对的。例如在这个例子中,由于大陆译文以间接的方式开头,所以导致开头部分多出一些文字,使得第一句译文"导演克里斯托弗·诺兰代表……表示沉痛哀悼"比台湾和港澳译文稍长一点。

　　语句与结构层面涉及的内容较多,翻译中语言语境的顺应自然也是千头万绪，从数量词与相关词语的搭配、词性及其结构和语序的确定，到译文的衔接与连贯以及行文的省略与增补，都属于这个范围。本节虽然列举了不少实例进行探讨，但实际上仍难以囊括这方面所有的内容。不过，通过分析和讨论这些例子，我们至少可以得出这样的结论：在英译汉中，大陆与港澳台在语句与结构层面存在不少差别，其中许多差异显现出一定的规律性，包括本节提到的一些规律。译文的这些差别在很大程度上是海峡两岸及港澳译者尽力顺应各地区语境的结果，因此是符合翻译规律的，总体上也是正常的。

4.3　语篇与篇际层面的顺应

本节将探讨的语篇与篇际层面相当于维索尔伦（Verschueren，2000）在其著作《语用学新解》中讨论的"超句话语"（suprasentential utterance）和"篇际制约"（intertexuality）。在探讨超句话语时，他所论及的"语篇话题"（discourse topic）及与此相关联的"中心语篇话题"（central discourse topic）和"边缘语篇话题"（peripheral discourse topic）所覆盖的范围不仅超出了句子层面，而且延伸至段落以外，这是在"话语推进"（discourse progression）的作用下形成的。在讨论篇际制约时，维索尔伦认为，篇际制约至少包括三个方面的内容：第一是一个段落与某种既定体裁的语篇之间的相互制约；第二是这种既定体裁的语篇与其所属文献类型之间的相互制约；第三是这个段落要受制于某种具体类型的语篇形式的制约，比如公众语篇等。[1]根据这一观点，我们可以这样理解翻译过程中的语篇与篇际层面的顺应——它既包括一篇译文或一部译著里段落与段落之间、章节与章节之间的顺应，也包括整篇译文或整部译著对相应的语言体裁和所属文献类型的顺应，还包括对所属语篇形式的顺应。语言体裁往往是由所翻译部分在整篇文章或整部译著里的位置确定的，如文章的摘要、正文、注释、参考文献，语言的体裁有所区别；译著里的目录、序言、正文、后记等，体裁也各不相同。译文所属文献类型属于更高层次，如介绍性或批评性文章、专著、教材或普及性读物等，文献类型之间相差很大。译文所属语篇形式除了公众语篇，其他的如官

---

[1] J. Verschueren: *Understanding Pragmatics*, Beijing: Foreign Language Teaching and Research Press, 2000: 105; 139-140; 106-107.

方文件、商务信函、学术研究、文学艺术、个人交流在语言的风格和特点上也相差甚远。

4.3.1 语体参照顺应

下面用笔者收集到的一些实例对这一论题进行探讨。前三例引自陈鹏南的《互文性理论视角下电影字幕翻译的实证研究》[1]一文：

实例91：

英语原文：We should hang out.

大陆译文：一会儿找乐子去。

台湾译文：一起混吧。

港澳译文：一起去蒲啦。（陈鹏南，2014：126）

实例92：

英语原文：Well done, students ... if you trying to disappoint me.

大陆译文：身手不错，徒儿们，只可惜有点令人失望。

台湾译文：打得好，徒儿们，好了，我觉得有点想哭。

港澳译文：做得非常好，如果你们想气死我，你们成功了。（陈鹏南，2014：129）

实例93：

英语原文：I probably suck more today than anyone in the history of Kung Fu, in the history of China, in the history of sucking!

大陆译文：我今天的表现有可能是功夫史上最烂，历史上最烂，最烂史上最烂！

台湾译文：我今天逊到爆，可能是武林史上最逊的一个，还是中原史第一逊，逊史第一逊！

---

[1] 陈鹏南：《互文性理论视角下电影字幕翻译的实证研究》，《淮北师范大学学报（哲学社会科学版）》，2014，35（2）：128-129。

港澳译文：今天我可能做成世上最屎最屎最屎的熊猫了，是中国史上最
　　　　　屎，是武林史上最屎啊！（陈鹏南，2014：129）

　　从上面三例可以看出，台湾和港澳译文总体上都比大陆译文更趋口语化。如台湾版本将We should hang out译为"一起混吧"，将Well done, students ... if you trying to disappoint me译为"打得好，徒儿们，好了，我觉得有点想哭"；港澳版把We should hang out译为"一起去蒲啦"，用"最屎"来表达实例93英语原文suck/sucking的意思。这几例的英语原文来自美国所拍动作喜剧片《功夫熊猫》，译文所属语篇形式是文艺作品中的电影。我们在3.1节"心理世界方面的顺应"和其他有关章节里已阐明，港澳台译者在翻译影视作品时使用的语体比较随意、逗乐和口语化，而大陆译者为了适应大陆的社会文化环境和人们的心理语境，翻译影视作品时就稍显拘谨，译文要正统一些。例如，大陆译者会尽量避免把影视作品里的脏话直接翻译过来，遇到与性相关的字眼选词也小心谨慎。这就是实例91、92、93和其他例子译文所属语篇形式的大语境，各地译者都使用了本地区观众喜闻乐见的语言形式，成功地实现了语篇与篇际层面的顺应。陈鹏南（2014）文章中提到的其他一些翻译实例也很能说明问题，如电影中It's the book of your life that you are writing这句台词电影的大陆版译为"我的未来我做主"，很明显是受到大陆中国移动公司"动感地带"广告词"我的地盘听我的"的影响而生成的；另一句Nothing is impossible的大陆译文"一切皆有可能"很容易让人联想到李宁牌体育用具说法完全相同的广告词。在翻译电影对话里的the best，pretty good，awesome，cool这些表示钦佩和赞许的英语词语时，大陆常常使用的中文对应表达是"很棒""很牛""很酷"等，台湾使用最多的说法是"太赞了""好酷哦""太man了"等，而港澳译者则经常选用"帅到爆""厉害到爆""最英的英雄"等。[1] 译文中的这些表达都与各地区影视、娱乐常规语篇中的表达形式一脉相承，与上面三个实例一样，都是顺应译文对应语篇类型的典型例子。

---

[1] 陈鹏南：《互文性理论视角下电影字幕翻译的实证研究》，《淮北师范大学学报（哲学社会科学版）》，2014，35（2）：128-129。

4.3.2 用词参照顺应

翻译中的用词看起来比较随意,但实际上需要小心谨慎,不但要考虑一句话或一小段话语之内词语之间的搭配、语法形式以及在句子结构中所处的位置,还要顾及词语在整篇文章或整部著作中与其他词语的关系,有时候甚至有必要参考其他译文语篇直接或间接相关的词语,而这些译文语篇是当下正在翻译的译本之前已经存在,而且大都被目的语读者或观众所接受的语篇,这就形成了语篇和篇际顺应。请看下面几个与影视作品名称、物品名称和地名翻译相关的例子:

实例94:

英语原名:*Total Recall*,*The Specialist*,*Fortress*,*Kindergaten Cop*,*Last Action Hero*

大陆译名:《全面回忆》《炮弹专家》《空中堡垒》《幼儿园特警》《最后的动作英雄》

台湾译名:《魔鬼总动员》《魔鬼专家》《魔鬼武器》《魔鬼孩子王》《最后魔鬼英雄》

港澳译名:《宇宙威龙》《炮弹专家》《天狱飞龙》《幼儿园特警》《幻影英雄》

实例95:

英语原名:refrigerator, ice cream, ice-lolly, ice water, freeze

大陆译名:冰箱,冰激凌,冰棍儿,冰水,冰冻

台湾译名:冰箱,冰激凌,冰棍儿,冰水,冷冻

港澳译名:雪柜,雪糕,雪条,雪水,雪藏

实例96:

英语原名:New Zealand, New Jersey, New Orleans

大陆译名:新西兰,新泽西,新奥尔良

台湾译名:纽西兰,纽泽西,纽奥尔良

4
大陆和港澳台地区英汉翻译语言语境的顺应

港澳译名：纽西兰，纽泽西，纽奥尔良

从实例94中的英语电影译名、实例95中的夏季凉品等译名、实例96中的地名译名的字面上，基本可以看出各自表达的规律。前面我们已经讨论过，大陆特有的社会文化语境与语言语境使得西方电影译名听起来大都循规蹈矩；港澳台译者常创造出五花八门的译名。不过，这种让人眼花缭乱的西方影视作品的译名其实也并非杂乱无章。比如实例94就显现出了很强的规律，这个规律在台湾的译名中表现在"魔鬼"一词的连续使用上。实际上，台湾翻译的"魔鬼"系列电影远不止这里罗列出来的几个，其他的还有《魔鬼命令》(*Universal Soldier*)、《魔鬼战将》(*Under Siege*)、《魔鬼终结者》(*The Terminator*)、《魔鬼司令》(*Commando*)。只要浏览一下这些年台湾翻译的西方影视作品就不难发现，遇到阿诺·施瓦辛格主演的电影通常都会被台湾译者冠以"魔鬼"的"头衔"，威尔·史密斯主演的电影主角的中文译名都是"战警"，哈里森·福特主演的电影中文译名里肯定有"追缉令"，布鲁斯·威利斯主演的片子均逃脱不了"终极"二字，莎朗·斯通主演的影片往往跟"第六感"有关。还有诸如"鬼神""惊爆""心灵""风暴""宝贝"等字眼也频繁出现在台湾影视作品的译名中。显而易见，这种后面拍摄的电影的译名仿照或模拟前面已出的电影译名的手法可以被视为语篇与篇际层面的顺应，因为不同的电影译名完全可以看作是独立的语篇。当然，语言方面这种顺应最终是为了满足影视观众的心理需求，取得商业上的成功——这在前面的章节中已有详细讨论。

在实例95中，大陆和台湾的译名均带有一个"冰"字，但港澳译名以"雪"字开头，很有规律。与影视作品的译名一样，大陆和台湾中文表达里的"冰"字及港澳的"雪"字都是语篇与篇际相互影响的结果，即语言相互顺应的结果。凡是与冷冻相关的食物和物品，在大陆和台湾大都以"冰"字开头，在港澳均冠以"雪"字，这样让本地人一看就对提到的东西略知一二，有利于人们的理解和接受。像这种一个外来词的翻译影响其后很多其他相关外来词翻译的情况其实并不少见。例如装运货物的大型铁箱container大陆译为"集装箱"，由此衍生出"集装箱码头""集装箱船""集装箱运输车"等译名；然而，container在港澳台的译名却是"货柜"，并派生出"货柜码头""货柜船""货柜运输车"等一系列译名。从构词角度讲，以"集装箱"和"货柜"为基础构成的更长的译名都属于合成词，使用的构词法是最常用的构词法之一；但从语用和语言顺应的角度看，也可以将其看作各地区翻译篇际之间的相互顺应。这是因为，当译者翻译一个外国事物的名称时，通常他都会考虑之前已有的译名，或者说他会不知不觉地受到已经存在的译名或译文的影响，而这种影响往往是跨越语篇的即篇际的。因此，当译者在这些因素的影响下确定新的译名或译文的时候，他实际上已经实现了跨语篇顺应，或称篇际顺应。

实例96译文的情况与上面两例相似，大陆将New Zealand，New Jersey，New Orleans分别译为"新西兰""新泽西""新奥尔良"，而台湾和港澳将其译为"纽西兰""纽泽西""纽奥尔良"，都是各地篇际相互参照或顺应的结果。大陆篇际相互参照的是"新"字，港澳台篇际参照的是"纽"字。大陆的"新"是意译了New一词，台湾和港澳的"纽"是同一个词的音译，虽然译名具体用词不同，但篇际的影响和顺应的性质却没有差别。

还有一个经常发生的现象：一个领域或行业的词汇会受到另一个领域或行业词汇的影响，比如军事术语。由于军事装备的生产、使用和管理要用到工业、航天、气象等领域的许多概念、设施和技术，因此大量的军事科技语会直接借用这些领域已有的专业用语或以这些领域的专业用语为基础派生出自己的军事术语。因为大陆和港澳台各个领域的专业术语本身就存在很多差别，所以当其作为军事科技语言的参照时，差异也就自然而然地产生了。请看实例97[1]：

实例97：
英语原文：memory unit，thermal exposure，topographic base，turbo-jet
大陆译文：存储器，热辐射量，地形底图，涡轮喷气发动机
台湾译文：记忆机，热暴露，地形基线，漩涡喷射引擎

在这些例子中，memory unit来自计算机领域，thermal exposure原本是核能物理的专业术语，topographic base是一个地理学名词，turbo-jet源自机械工业。它

---

[1] 范武邱、胡健：《海峡两岸军事术语翻译差异及原因探析》，《上海翻译》，2015（4）：29。

们的大陆和台湾译名分别源自本地各领域的习惯用语，其差异也被带进了军事科技领域的语言中。

我们把视野再放宽一些，就能发现在各行各业乃至日常生活中都存在译文篇际之间的影响，这种影响有时发生在同一行业中，有时发生在不同行业之间。以区分职务、职称、技术水平等的级别或等级的翻译为例。大陆习惯使用"高级""中级""初级"或"一级""二级""三级"来翻译英语相关词语表达的级别；台湾通常使用"甲级""乙级""丙级"与之对应，而港澳则常常以英语大写字母A，B，C加上"级"字来表示。例如船员的级别，deck officer内地对应的译名是"（驾驶部门）高级船员"，台湾将其译为"（驾驶部门）甲级船员"；engine room watch rating大陆翻译为"机房值班普通船员"，而台湾的译名却是"机房值班乙级船员"。又如英语的first-class accident，second-class accident，third-class accident大陆通常以"一级事故""二级事故""三级事故"与之对应，但台湾仍然用"甲级""乙级""丙级"加上"事件"来表达。两岸及港澳外译汉中诸如此类的差别以及各个地区内相对一致的表达，都与各地区篇际之间的影响分不开，而这种影响正是翻译过程中篇际顺应的表现。

翻译过程不但涉及字里行间的顺应，也要考虑语篇与篇际层面的顺应，这样才能使译文不但在遣词用字、语法及结构方面符合目的语的规则和规范，而且在语篇的体裁、文献类型以及语篇形式方面都能够"接地气"，即符合译入语这些方面的常规，也就顺应了目的语的语篇语境和宏观语言语境。只有这样，翻译产出的结果才称得上是成功或比较完美的。从过去的翻译实践来看，大陆与港澳台的大多数译者在英译汉的过程中并没有忘记这一点，因为无论是否完美，他们的翻译作品总体上都结合了语篇与篇际因素，顺应了各自地区的微观和宏观语言语境，大都得到了本地读者的认可。

5

大陆和港澳台地区英汉翻译顺应过程中的意识突显

5
大陆和港澳台地区英汉翻译顺应过程中的意识突显

如同普通交际一样,在翻译的过程中,除了自身因素,译者还会受到语言语境和社会文化语境中各种因素的影响。在这些因素的共同作用下,译者经过鉴别、对比和分析,做出最终的语言选择,确定译文的最后版本。宏观语境和微观语境涉及面宽,各种成分和因素混杂在一起,译者如何确定哪些因素与他正在进行的翻译活动或语言选择相关呢?这个时候起决定作用的就是维索尔伦(Verschueren,2000)所说的"意识突显"(salience)。简单来说,意识突显就是指译者在翻译过程中关注语境最重要或最突出的因素从而做出最佳目的语语言选择的现象或过程,这一现象与交际者的知识和认知能力密切相关。正如维索尔伦(Verschueren,2000)指出的,虽然并非所有的语言活动都具有高度的意识性,翻译中的语言选择有时是有意识的,有时又是无意识的,而且意识突显无法量化,但意识性在语言活动中始终扮演重要的角色。意识突显与元语用意识相关,或者说元语用意识在意识突显中起重要的作用,因为"自反意识是人们运用语言的过程中发生的最重要的事件"。人存在于社会之中,因此"社会意识突显"(social salience)会对人产生重要作用,社会意识突显最显著的表现就是"有标记"(markedness)的语言交际活动。[1]海峡两岸及港澳的语言语境和社会文化语境有不同程度的差别,各地译者在翻译过程中的关注点自然也不尽相同。在意识突显的作用下,译者会在千头万绪的语境中抓住他们认为最关键的那些因素,从而做出最佳语言选择,生成本地读者或听者认可的译文。下面我们从意识形态和政治、经济与社会文化体制、社会文化习俗三个方面对翻译中的意识突显现象进行探讨。

---

[1] J. Verschueren: *Understanding Pragmatics*, Beijing: Foreign Language Teaching and Research Press, 2000: 173, 195, 183.

5.1 意识形态方面的意识突显

无须讳言，意识形态是非常敏感的，翻译工作者对此深有体会，意识突显在翻译中起着至关重要的作用。在翻译的过程中，特别是翻译关于意识形态的文献或资料时，译者都非常谨慎，对敏感词句反复斟酌，认真考虑和确定内容的取舍和语言的表达方式。受意识形态影响译文很难完全忠实于原文。翻译不仅仅是单纯的语言活动，还是一种文化活动，受其制约也在情理之中。大陆与港澳台在翻译活动中表现出来的意识突显的作用自然也非常明显，这在许多不同类型资料的译文中都可见一斑。

先看几个地名翻译的实例。地名翻译看起来是一件与政治无关的事，但偶尔也会有所牵扯。例如，Manchuria一词过去翻译为"满洲"，指我国东北各省，在日伪时期成立的所谓"满洲国"对应的英文说法除了Manchukuo之外，还有Manchuria。今天，大陆除研究的需要外，其他领域已废弃这一说法，因为它带有明显的殖民主义和封建色彩。另一个地名是世界之巅"珠穆朗玛峰"，虽然西方人将其称为Mount Everest，台湾和港澳地区将其直接译为"埃弗勒斯山（峰）"，但大陆译者碰到这个英文专有名词时，都会将其翻译为"珠穆朗玛峰"而不是"埃弗勒斯山（峰）"。其原因也与民族意识相关。Mount Everest起初是为纪念英国占领尼泊尔时测量喜马拉雅山脉的英国殖民者George Everest而命名的，其殖民色彩不言而喻。大陆不采用直接翻译的方法是理所当然的，这就是政治意识突显发挥作用的结果。

香港1997年回归祖国后，原驻港英军兵营（中国人民解放军驻港部队已进驻其中部分营地）中文译名的更改就很能说明意识形态及政治方面的意识突显在翻译中的作用。原"威尔斯亲王军营"（Prince of Wales Barracks）改称为"中环军营"，原"皇后军营"（Queen's Lines）改称为"正义道军营"，原"奥士本军营"（Osborn Barracks）改称为"九龙东军营"，原"石岗军营婆罗洲军营"（Borneolines）改称为"石岗军营北营"，原"石岗军营马来亚军营"（Malaya Lines）改称为"石岗军营南营"，等等。毋庸置疑，这些更名和改译的举措旨在逐渐消除香港地区的殖民印记，宣布我国对香港的主权，这充分体现了政治意识突显在翻译中的重要作用。

在翻译外国人名时有时也会突显政治意识。有一个众所周知的例子，就是朝鲜战争时期接替麦克阿瑟的美军侵朝司令Matthew B. Ridgway名字的翻译。当时，香港亲美报纸将其译为"李奇威"或"里治威"，译名明显含有褒义。在内地，最初他的名字被译为"李奇伟"，但不久就改译为"李奇微"，"伟"和"微"一字之差体现出此人名字的译名由褒到贬的变化。[1]这是说明政治意识突显影响翻译过程和语言选择的典型实例之一。现在内地人名翻译原则是尽量避免使用有明显褒贬含义的字眼。

前面我们从不同的角度讨论过外国影视作品名称的翻译，本节再从意识突显这个层面作进一步探讨。大陆比较重视正能量的宣传和文艺作品对公众的教育和引导作用；在这种思想的指引下，大陆译者特别谨慎，遣词用字力求规范，避免误用。相比之下，一方面，港澳台三地更加注重影视作品的商业价值和娱乐性，译者在翻译外国影视作品名称方面受到的约束和限制较少。另一方面，台湾和港澳译者翻译的西方影视作品名称带有明显的口语色彩，还常常使用俗语。如台湾翻译的《龙，我们接吻吧！》（*Kiss of the Dragon*）、《醉后大丈夫2：醉加一等》（*The Hangover Part II*）、《追踪吧我的小马子》（*Along Came a Spider*）这几部影片与大陆对应的译名是《龙之吻》《宿醉2》《蛛丝马迹》，两地译名的语言表达差别明显；港澳翻译的《真的恋爱了》（*Love Actually*）、《求婚的恶魔》（*The Proposal*）、《坏蛋奖门人》（*Despicable Me*）这几部影片与内地对应的译名是《真爱至上》《假结婚》《卑鄙的我》，译名的语言风格迥然不同。港台的西方影视作品译名的另一个突出特点是经常使用方言土语，还不时夹杂外语，与大陆的译名形成鲜明的对照。如英语电影*Ted*，*Don Jon*，*Independence Day*，*Lost in Space*台湾的译名分别是《熊麻吉》《超急情圣》《ID4星际终结者》《L. I. S. 太空号》，而对应的大陆译名为《泰迪熊》《唐璜》《独立日》《迷失太空》；英语电影*South Park*，*The Princess Diaries*，*Desperate Housewives*，*Turbo*港澳的译名分别是《衰仔世界》《走佬俏公主》《靓太唔易做》《极速TURBO》，而对应的内地译名为《南方公园》《公主日记》《绝望主妇》《极速蜗牛》。影视作品名

1　黄大方：《香港专有名词翻译之特点》，《汕头大学学报（人文社会科学版）》，2001，17（4）：36。

称翻译中显现出的具有一定规律的差异不仅仅是因为要照顾观众的心理需求、顺应本地的语言语境,也经常是为了突出本地的语言特色、彰显地区特有的风格,或者说是为了强调本地特有的文化身份——意识突显有意无意地在这里发挥着作用。K. I. J. Cheang(2005)在其学位论文里讨论这个问题时也举了许多实例,说明台湾和港澳的西方影视作品译名与大陆存在极大的差异。如台湾在译名中经常使用"哈啦""角头""叩应""凸搥"这类方言词,而港澳译名中"啰啰栾""疾走""好坚""潮女"这类方言词出现的频率也相当高。这些带有浓郁方言色彩的词语不但与大陆标准语言相去甚远,而且与福建的闽南方言和大陆粤语地区的方言也不尽相同。Kong Chung-yan认为:电影名称译名事实上可以被理解为一个强调文化身份的过程,而港台的观众不知不觉地参与到这一过程中。[1]其实这就是意识突显在翻译中的表现,这里具体体现在意识形态方面。

不同地域的文化身份意识在不同地区对外旅游宣传的材料中也会显现出来。Kong Chung-yan 2010年在*eSharp*杂志上发表的文章介绍了他在这方面所做的研究。通过对内地和香港大量对外旅游宣传资料的调研和分析,作者得出结论:内地英语网站翻译的旅游宣传资料通过介绍中国的历史展现出对中国文化的优越感和自豪感;而香港的对外旅游网站突出宣传的是本地中西交融、与我国其他地区相比独具一格的文化魅力。[2]不难看出,内地和香港为网站翻译旅游宣传资料的译者从各自的视角出发,在内容的取舍及语言的表达上突出了各自认为最重要和最精彩的内容,展现了意识突显在翻译中的重要作用。

在翻译工作中,每当翻译工作者面对意识形态和政治问题时,都会严肃对待,认真推敲和选择目的语词句,而工作时的这种心理状态以及表现出来的态度、采用的翻译方法及产生的译文,就是意识突显发挥作用的结果。不同的意识突显会产生不同的译文,不同程度的意识突显也会使译文呈现出不同的面貌。因

---

[1] 参见:Ka Ian Justina Cheang: "Domesticating translation can make a difference: a case study of foreign film-title translation in Hong Kong and Taiwan", Hong Kong: Lingnan University, 2005: 83-84.

[2] Kong Chung-yan: "The Self-Representation of Regional and National Identities", *eSharp* (Special Issue: Communicating Change: Representing Self and Community in a Technological World), 2010: 110-111.

此，当译者遇到意识形态和政治问题时恰当运用和把握自己的意识对生成译文具有重要的意义。

5.2 经济与科技等方面的意识突显

虽然经济、科技因素没有意识形态和政治因素那么敏感，但这方面的意识突显也时常会影响译者，使他们在翻译活动中必须有所侧重，体现在译文中就是词语、结构、风格、语气等不同程度的差别。引领译者意识突显的经济与科技因素有市场因素、对西方经济理论或事物的态度、地区亚文化自身的特点、对源语词汇认知的角度，等等。在这些因素的影响下，译者翻译外国原文本时相应的意识突显的方向和程度就会有所不同，并会据此做出与之对应的目的语语言选择。这一现象和过程在大陆、台湾和港澳的翻译活动中当然都存在，而且因为大陆与其他三地的区域文化不尽相同，三地译者在翻译相同内容的文本或材料的过程中所表现出的意识突显并不完全一致。下面举例说明。

曾经发生在香港的一则因电影译名而引发的争端很能说明西方电影片名翻译中商业意识的作用。当香港电影发行商准备为电影 *La Fidélité* 做宣传的时候，为了吸引潜在观众，他们按照香港的常规套路，注意力聚焦于电影的票房，计划把电影的名称翻译为"情欲写真"。但是，该片导演安德烈·祖拉斯基（Andrzej Zulawski）得知这个消息后十分震怒，强烈要求给香港观众的译名要忠实于原名。导演认为这部电影是一部艺术性的影片，而"情欲写真"会让观众将其误认为是一部色情片。最后，香港电影发行方不得不尊重导演的意见，只好将影片改译为《忠贞》。[1] 这件事反映，电影片名翻译中香港发行商强烈的商业意识自然会对译者产生制约作用。虽然在关于这部影片中文译名的争论中发行商的商业意识受到了强大外力的钳制，但大多数情况下他们还是以影片的票房为重，译者也会受制于这种商业因素，在译名中使用迎合香港观众口味的词语和表达方式。大多数情况下，即便导演或制片方认为港澳发行商确定的译名不够理想，但考虑到

---

1 Ka Ian Justina Cheang: "Domesticating translation can make a difference : a case study of foreign film-title translation in Hong Kong and Taiwan", Hong Kong: Lingnan University, 2005: 82-83.

票房问题,他们也只能接受。

大陆与港澳台在经济文献的翻译中表现出来的意识突显也有所不同。台湾和港澳的经济理论基本上是西方的那一套。因此在翻译西方经济理论著作时几乎是全盘接收,译文带有明显的西方色彩。港澳台译者为了顺应当地西方经济文献的读者,在翻译中有意识地尽量保留西方理论的"原滋原味"。就大陆而言,情形似乎相反。中华人民共和国成立后,大陆经济的发展主要借用苏联的社会主义经济模式。经过几十年的发展和积淀,形成了一套以苏联经济理论为基础、结合本国经济发展实践的理论体系,经济专业术语也基本定型。因此,大陆译者在翻译西方经济理论著作时就会受此影响,参考已有的一套说法,经常会对西方的一些表达加以归化,使其与国内现有的说法对接,便于人们理解。此外,在翻译比较通俗的经济读物以及与日常经济活动相关的资料或表达时,大陆译文比较呆板,而港澳则比较灵活,这从很多公司名称、商标和商品名称的翻译就可以看出来。[1]例如,美国电器企业GE(General Electric Company)和食品制造企业GM(General Mills)在大陆分别被称为"通用电器"和"通用磨坊",而在台湾的译名分别是"奇异公司"和"喜见达"(公司);瑞典著名汽车品牌Volve在大陆的通用译名是"沃尔沃",台湾和港澳却翻译为"富豪";德国日用小电器Barun大陆使用的是音译"博朗",但港澳台通用的译名是"百灵"。

在科技术语的翻译方面,大陆与港澳台译者有时意识突显的方向和程度有所差别。这是因为译者对事物观察或着眼的角度不同,或对音译与意译、直译与意译的认识有别,或对是否应该跟随外国的表达习惯看法相异。例如,计算机术语accumulator,大陆译为"累加器",翻译的着眼点在"累积"这个意义上;台湾和港澳分别译为"累数器"和"集数器",译者翻译时除了关注"累积"的意义外也未忽视"数"的概念。又如,另一个计算机术语operand,大陆的译名是"操作数",台湾的是"运算数",港澳的是"运算元";显而易见,大陆译者的翻译是从宏观着眼,而其他三地的译名给人以更加具体的感觉,因为"运算"只是"操作"的一种形式,而"操作"可以包含的形式可以说是没有限制的。再如,"互联网"在台湾是"网际(网路)",到了港澳又成了"万维网",这些

---

1 李恒春:《港澳台与大陆经济文献翻译比较》,《东南亚研究》,1995(5):159。

译名都是英文internet的中文表达。"互联网"强调的是人们之间的相互联系或联络,"网际(网路)"重点关注的是四通八达的便捷,而"万维网"的重点在于不可计数的连接点。翻译中意识突显方向和程度的差别在从外国引进的军事术语译名上表现得尤为突出。例如,missile在大陆叫"导弹",港台却称其为"飞弹";"导弹"译者注重的是制导这一因素,"飞弹"译者观察的视线却在这种武器飞行的状态上。在此基础上,cruise missile,ballistic missile和long-range missile大陆分别译为"巡航导弹""弹道导弹""远程导弹",港台分别译为"巡弋飞弹""弹道飞弹""长程飞弹"。

有一种被英美称为frigate类型的军舰,大陆翻译为"护卫舰",因为该种军舰的功能就是保护执行任务的其他舰船或保卫国家的沿海地区;港台将其译为"巡航舰"或"巡防舰",是从其游弋和防范的角度考虑的,意识突显的方向不一样。另外,大陆的译名还受内地军舰系列划分的影响——驱逐舰以下、攻击快艇以上类型的军舰通常被归为"护卫舰"。还有一种在大陆叫"坦克"的常见大型移动武器,在港台被称为"战车"。大陆使用了音译,而港台的译名属于意译。港台的叫法实际上来自日语——日本军方曾经发布过规定,要求其军队将这种武器统一称为"战车"。[1]接下来,大陆和港台自然而然把针对坦克的武器anti-tank gun分别译为"反坦克炮"和"战防炮"(战车防御炮)。但在大陆,"战车"与"坦克"不可同日而语,因为前者包括的范围要比后者大得多,比如装甲车、炮车等都可以称为"战车"。

再看一些与军事相关的术语[2]:

实例98:

英语原名:Bullpup (rifle),Brewer (bomber),bulk dog (explosive),pencil beam (searchlight)

大陆译名:无托结构(步枪),Yak-28(轰炸机),散装炸药,(探照灯)窄射束

---

1 隼鹰:《大家侃侃港台翻译用语与大陆的不同之处》,超级大本营军事论坛,2006-10-10. http://lt.cjdby.net/forum.php?mod=viewthread&tid=293583.

2 范武邱、胡健:《海峡两岸军事术语翻译差异及原因探析》,《上海翻译》,2015(4):29.

台湾译名：牛犊式（步枪），酿造者型（轰炸机），公牛狗爆破药，（探照灯）铅笔型波束/光柱

对比一下大陆和台湾的译文就能看出，这几个外来词大陆译名除了"Yak-28（轰炸机）"，其他为意译，而台湾的译名基本上都是直译。Bullpup（rifle）是指将弹夹和机甲设置在扳机后面枪托内的步枪，因此大陆也称其为"弹匣后置枪"或"后置弹匣枪"，译者翻译时的关注点是此种步枪的构造；台湾译者依据bull和pup的意思将其直译为"牛犊式（步枪）"，意识突显的方向完全不同。第二个术语Brewer（bomber），实际上是苏联雅克福列夫设计局设计的一种超音速战斗轰炸机，其英语名字就是Yak-28，所以大陆其实是直接借用了英文的叫法；但台湾根据这款飞机的另一英文名字Brewer将其译为"酿造者型（轰炸机）"，可能是译者觉得这样翻译更形象。至于bulk dog（explosive），台湾译者应该是有意将bulk当作bull来译了，加上dog就直译成了"公牛狗爆破药"；这种炸药在大陆之所以会被称为"散装炸药"，是因为大陆译者在翻译时意识突显的聚焦点是这种炸药的形态。与前面的术语相似，pencil beam（searchlight）这种探照灯的光束在台湾被直译为"铅笔型波"，在大陆被意译为"窄射束"，大陆译者在翻译这个专业术语时显然更加注重意义的解释。

在国际交往中，经济与科技领域需要翻译的资料数量大，专业技术用语数不胜数，这对两岸及港澳的翻译工作者来说都是不小的挑战。由于翻译过程中内地和港澳台的译者意识突显的方向和程度不尽相同，加上其他因素的影响，译入中文的经济与科技文献和资料中的语言表达出现差异，这种差异体现在专业术语上就显得特别突出，给人们的交流带来不必要的麻烦。不过，如果从另一个角度看，大陆与港澳台经济与科技翻译中的这些"不一致"也很自然，因为这是各地区译者为了顺应本地目的语读者而产生的结果，是难以避免的。当然，引进的经济与科技术语尽量一致应该是两岸及港澳翻译工作者奋斗的方向。

5.3 社会文化习俗方面的意识突显

我们在3.2.3"文化传承与社会规范方面的顺应"一节的讨论对大陆和港澳台英译汉在社会文化习俗方面的顺应有所涉及，因此这一节讨论和分析的重点是翻译过程中这方面的意识突显。即便是在日常生活和风土人情方面资料的翻译，意识突显也会对译者产生一定程度的影响。此外，由于海峡两岸及港澳社会文化语境不尽相同，译者在翻译过程中受到影响的程度当然也有所差别，这种差别会使译者产生不同方向和不同程度的意识突显，而不同方向和不同程度的意识突显会让译者在翻译时做出不同的选择，最终导致译文的差异。翻译中意识突显的差异可能表现在对西方人名和地名是采用归化或异化策略的态度上，或体现在对道德问题的看法和审美情趣上，也可能表现在对待方言的使用和外语词汇借用的意愿上。

我们知道，大陆现在翻译外国人名和地名的一般原则是名从主人，通常使用音译和异化策略，让人一看译名便知是外国人或外国的地方，而且尽量避免选用带有明显褒贬意义的汉字。在这些原则的指导下，大陆译者翻译外国人名和地名时自然就会把注意力放在寻找可以表现外国人名和地名特点的汉字上，同时还得排除那些褒贬意义明显的汉字。与此相反，港澳台译者在翻译外国人名时会千方百计将中国人的姓氏与外国人的名字匹配，既包括姓也包括名，使之听起来很像中国人，采用的是归化策略，而且对所用字义的褒贬仿佛也没有大陆那么讲究。例如，Johnson，Kennedy，Graf，Gagalim大陆译为"约翰逊""肯尼迪""格拉夫""加加林"，港台译为"尊生/约翰逊""甘乃迪""加芙/嘉芙""贾加林"。外国地名的翻译情况与之类似。如果把外国国名Liberia，Mozambique，Italy，Belize的大陆译名"利比里亚""莫桑比克""意大利""伯利兹"与港台译名"赖比瑞亚"（台湾）、"莫三鼻及/莫三鼻克"（过去大陆的译名是"莫三鼻给"）、"义大利"、"百利士"进行对比，大陆人会觉得港台译名中的"赖"字可能让人产生贬义联想，通常表示身体器官的"鼻"字作为国名也让人感觉不舒服；而"义大利"和"百利士"又明显给人一种吉利的感觉。选用"赖"字和"鼻"字可以说是港台译者无意识造成的，或者说是对贬义词和具有特殊意义的词语的弱意识突显带来的结果；而上述另外两个国家的译名给人的吉利感又可能是港台译者在选词过程中强意识突显产生的结果。

不同地区社会文化语境的差异导致人们的传统审美情趣和审美习惯的差别，这些差别在翻译过程中会以不同方向和程度的意识突显体现出来，这首先在大陆与港澳台外国影视片名的翻译中表现得淋漓尽致。从前面的讨论我们得知，港澳译者翻译西方影视片名经常喜形于"色"，出现了《性书大亨》（The People Vs. Larry Flynt）、《色欲城市》（Sex and the City）、《美国处男2》（American Pie 2）这类在内地观众看来登不了大雅之堂的译名。但这是港澳译者意识突显之所在，而这种意识突显常常是在当地电影发行商的授意或要求下产生的，其目的是为了顺应港澳观众追求刺激、放松身心的心理。台湾译者往往青睐比较刺激的字眼，产生了"鬼神/神鬼……""魔鬼……""终极……""……疯狂"这些夸张的系列译名，而这种追求正是台湾译者有意识地顺应台湾影视观众传统的审美习惯的意识突显，因为使用这些极端而夸张的词语才容易勾起台湾观众的兴趣；当然，为了达到争取票房这一商业目的，台湾译者翻译影视片名时也会有意识地选用色情味较浓的词语，因此类似《云端上的情与欲》（Beyond the Clouds）、《这个男人有点色》（Don Juan De Marco）、《挑逗性游戏》（Flirting with Disaster）这种情色外露的译名也不少。相比之下，大陆译者通常循规蹈矩，而这种循规蹈矩往往是大陆译者有意为之，当然这里面既有主动也有被动的成分。在这种意识突显的作用下，大陆翻译的西方影视作品名称大都类似于《音乐之声》（Sound of Music）、《勇敢的心》（Brave Heart）、《拯救大兵瑞恩》（Saving Private Ryan）等正规的译名。这样的译名在港澳台观众的眼里会显得索然无味，但它们符合大陆的社会文化语境。这样的译名加上影视发行商和影院的广告宣传，也足以把大陆观众吸引到电影院。

海峡两岸及港澳译者的意识突显的不同还体现在对译语语言形式其他方面的追求上，如成语的使用。总的来说，在翻译公众演讲和文学作品的过程中，大陆和台湾译者有一种相同的、比较强烈的意识突显，即对四字词的重视，特别是成语；相对而言，港澳译者这方面的意识比较淡薄，所以翻译中使用的四字词就少得多。笔者对2016年上任的第45任美国总统特朗普胜选演说的译本进行了分析，发现情况的确如此。在大陆、台湾、香港的三个翻译版本中，四字词使用的总体情况如下（见表5-1）：

表5-1 特朗普美国总统竞选胜选演说大陆、台湾、香港译本四字词使用情况[1]

地区	使用情况			实例
	四字词总数	四字词重复次数	实际使用四字词数	
大陆	12	—	11	无与伦比（原文：incredible） 刻不容缓（原文：the urgent task） （在商界）摸爬滚打（原文：have spent my entire life in business） 不可思议（原文：unbelievable）
台湾	11	3	8	无人能及（原文：second to none） 至高无上（的光荣）（原文：has been among my greatest honors） （没有挑战）遥不可及（原文：no challenge is too great） 不可思议（原文：unbelievable）
香港	5	—	4	首屈一指（原文：second to none） 难以置信（原文：unbelievable） 踏实肯干（原文：the hardest working guy） （真想要）加载史册（原文：to be really historic）

表5-1显示，特朗普胜选演说大陆译本使用的四字词最多，有12个，其中只有1个重复（即"无与伦比"）；台湾译本次之，有11个，但有3次重复（均为"不可思议"），实际上台湾译本只使用了8个四字词；香港译本使用的四字词最少，仅5个，其中还有一次重复（即"难以置信"），香港译本实际只使用了4个四字词。除少数四字词的英语原文相同，三个译本使用的大多数中文四字词英语原文都不一样。这些数据从一个侧面反映了大陆、台湾和香港译者在翻译这篇演讲时选择使用四字词的意识突显的程度——大陆译者最强，台湾译者次之，香港译者最弱。这方面大陆和台湾译者的强意识突显与香港译者的弱意识突显形成了鲜明的对照，这与大陆和台湾相对正统和规范的汉语语言文化传统密切相关。

也有其他研究者讨论上面提到的大陆、台湾、港澳英译汉在成语的使用上表现出的差异现象，如陈素珍2013年的硕士学位论文就探讨了这个问题。论文

---

[1] 大陆译文引自翻译达人网．豆瓣小组，2016-11-11．https://www.douban.com/group/topic/92982048/．台湾译文引自苹果日报网．国际中心，2016-11-09．http://www.appledaily.com.tw/realtimenews/article/new/20161109/985369/．香港译文引自经典网/香港媒体，2016-11-10．https://www.ishuo.cn/doc/gplfpiqf.html．

作者通过分析美国电影《阿凡达》的三个中文译本得出结论：大陆译者在翻译电影中的对话时频繁使用成语，台湾译者使用较少，香港译者使用最少。实际上，在所举7个实例中香港版本一个成语都没有用。大陆翻译的版本使用的成语如下：（像石头一样）油盐不进（It is hard to fill a cup which is already full），（下肢瘫痪）寸步难行（with a big hole blown through the middle of my life），（六年的时间）转瞬即逝（I don't feel like six years），（不要）操之过急（Don't get ahead of yourself），大祸临头（you're gonna die），夷为平地（destroy the place），招兵买马（There's an aboriginal horde out there）。台湾译本仅使用了2个四字词：自由自在（没有对应的原文），（不要）操之过急（Don't get ahead of yourself）。[1]台湾译本使用的第一个四字词在英语原文中没有对应的词句，属于译者根据原句的语境添加的内容；第二个四字词与大陆使用的完全一样。翻译同一文本四字词使用上的差异，说明译者在翻译这部电影的对白时对各自语言风格和文体的意识突显的方向是不一致的。因为四字词的频繁使用意味着译文的文体会显得比较正式，文学色彩更浓——这是大陆译本的特点。台湾和香港翻译的版本四字词用得少甚至不用也正好反映了这两个地区影视文学相对大众化和口语化的特点。

  译者一方面深受所处社会文化的影响，另一方面又在很大程度上受制于翻译任务的赞助人或委托者，翻译过程中的许多运作都是有意识的，或者说是刻意的，例如内容的取舍、遣词用字、译文整体风格的把握等。这种意识或刻意其实就是意识突显。由于海峡两岸及港澳社会文化习俗存在比较大的差异，翻译各种文本遇到与社会文化习俗相关的内容时，译者表现出来的意识突显就会有所不同，而这种差别自然而然会体现在译文中，这也是译者对本地区社会文化语境的顺应。

---

1 参见陈素珍：《从语用顺应论看〈阿凡达〉两岸三地译本的本土化顺应》，福州：福建师范大学硕士学位论文，2013：15-18。

6

大陆和港澳台地区英汉翻译顺应过程综合分析

6
大陆和港澳台地区英汉翻译顺应过程综合分析

本书第三、四、五章对大陆和港澳台地区英汉翻译的非语言语境、语言语境以及翻译过程中的意识突显分别进行了讨论,可以说是一种"分列式"的研究,使我们从不同的角度比较清晰地观察和了解海峡两岸及港澳翻译顺应各自的特点及相互之间的差异。不过,由于翻译中的顺应是一个各种元素同时发挥作用的综合性的过程,因此本章有必要再从综合的角度对翻译顺应的全过程进行审视,从比较宏观而全面的角度解读和认识大陆和港澳台英汉翻译顺应的情况。因此,下面拟从顺应的动态性、译者主体性与顺应的关系、顺应的连续性与整体性三个方面加以探讨。

6.1 顺应的动态性

交际语言顺应的动态性是维索尔伦(Verschueren,2000)语用综观论的一个中心概念,是对语言意义动态生成的描述和总结,指交际者在交际的过程中根据各种相关语境因素不断选择与调整其使用的交际语言的特性。他解释说:"作为语言运用(相互)顺应过程或作为语言发挥其语义功能的中心概念,就是语义的动态生成。意义的动态生成是在交际策略的帮助下在作为'意义框架'的活动与事件进行的过程中发生的。"[1]顺应动态性的基础条件是语言的可变性和协商性,语言的这两个特性使交际语言的变化与调整成为可能。至于动态顺应的具体形式,宋志平(2004)的总结比较全面和详细:"第一、(,)时间顺应。语言的产生和理解会因时间差异而出现变化,时间因素会促使人们在使用语言时作出调整和顺应。第二、(,)不同语境对语言选择的制约。语境是动态的,根据语境来选择语言并作出顺应的动态性,与交际双方所处的社会关系以及他们的认知

---

1 J. Verschueren: *Understanding Pragmatics*, Beijing: Foreign Language Teaching and Research Press, 2000: 147.

心理状态有关。第三、（ ）语言线性结构的灵活变化。人们可以根据不同的交际目的，对话语的信息结构进行灵活安排，也可以根据不同的交际场合选择不同类型的话语和语段。"[1]交际语言动态顺应不仅是语言顺应语境，语言也可以引起语境的变化，从而促成语境对语言的顺应。作为特殊交际活动的翻译，从原材料的选择到目的语译文的最终定型，语言选择的动态顺应贯穿整个过程。

  首先，原文作者、翻译项目赞助者、委托者或其他任何能够对译者施加影响的人和组织的要求，译者本人的能力、兴趣和审美观，目的语读者的期望，都会不断影响译者在翻译活动中的选择，特别是译语中语言表达的选择。例如，在翻译某些类型或体裁的文本时，可能译者认为原文中某一段的内容对目的语读者意义不大，或与目的语的主流社会文化观念存在较大的冲突，最好舍去不译；但是，原文作者却认为此段在原文中非常重要，如果舍去不译会影响原文中心思想的表达，不同意舍去。遇到这种情况，译者就得反复与原作者沟通，或说服他同意自己的想法，或采取变通的方式，对该段落的内容进行简译。译者在与作者反复交流并对译文多次修改后才能够确定译文的最终版本，动态顺应贯穿始终。又如，译者觉得原文的某一段内容很好，自己翻译得也不错，不但忠实地传达了原文的意思，而且译文表达也恰到好处；但问题是，译者的相关领导认为这种表述与组织的编辑原则不合拍，要求译者修改。这样，译者就不得不另辟蹊径，选用其他语词来表述同一段原文的内容，这也是动态顺应的一种形式。再如，当把外国的科技著作翻译给中国专业人员研读时，译者会尽量使用专业语言传达原作的理论与观点；但如果将同一部著作作为科普读物翻译给普通大众，译者选择的翻译策略就会相反，即尽量少用专业术语，用普通大众熟悉的日常语言来表述专业术语的意思，这样产生的翻译版本的语言与专业型译本的语言表述就会有很大的差别。上述情形是翻译过程动态顺应的几种表现形式，专业和兼职翻译工作者对此应该深有体会。

  翻译过程顺应的动态性不仅体现在上述几个方面，译者翻译时还会依据翻译工作的形式、时间、地点、对象等各种因素适时调整翻译的策略、表述或讲话的方式、语句的模式以及具体词语的选用等，以便呈现出最佳译文。以口译为例。

---

1 宋志平：《翻译：选择与顺应——语用顺应论视角下的翻译研究》，《中国翻译》，2004，25（2）：21。

同样的内容，在正式场合和日常交际、面对面交谈和信函交流、上下级之间和朋友之间，译者翻译时的语气、内容详述的程度、句式和词语排列的方式、选用的词语等都会有所调整。口译顺应动态性的另一种表现形式是，译者在同一场合针对相同的人适时调整或修正自己的话语。例如，当译者首次听到交际中的一方说的一个词语不明白其具体含义时，只好使用一个上位词来指代。随着交际双方谈话的深入，译者逐渐弄懂了这个词语的意义，在接下来的翻译中就会使用目的语中相对应的、意义更加具体的词语，这样就很好地实现了动态顺应。这里举一件笔者亲身经历的事情。大学刚毕业不久，笔者在高校外事办公室工作过一段时间，经常为学校聘任的西方英语国家外教做翻译。除日常生活的翻译，笔者也不时会作为翻译参加他们与领导的会谈、会议活动。记得有一次学校为即将卸任回国的一位美国外教举行送别茶话会，除了一百多师生，系领导和校领导也都到场了。当这位外教发表离别感言时，开头一帆风顺，但说着说着他话锋一转，开始斥责中国的政治，而且语言犀利，这显然是不合时宜的。作为现场口译，笔者焦急万分，忐忑不安，首先是希望他能尽快停下来，同时飞速思考如何翻译他的这段话。完全忠实地翻译他表达的意思肯定是不可能，也是不恰当的，但是完全不翻又会让参加茶话会的领导和师生心生疑惑，使双方都陷入尴尬的境地。因此，在经过短时间的犹豫之后，笔者迅速决定要翻，但是内容必须变通。当外教说完这段话，我把他的意思总结为一点，即他认为中国还有一些方面存在缺陷，需要完善。虽然翻译的内容显得有些少，但笔者随机应变的动态顺应化解了可能出现的窘迫局面，茶话会热情、欢快的氛围没有受到这一插曲的影响。关于口译过程的动态顺应，读者还可以参阅马霞（2006）、蒋瑛（2011）、王悦（2011）、何京蔓（2014）等研究者的研究成果。

其实，笔译的动态顺应也有类似的情况，即开始对某些词语的意思不甚了了，只好暂时空在那里不译或用一个大概可行的词语临时顶替。但随着翻译的继续，译者慢慢领悟到原文词语的含义，就会选用意义更加贴切的词语，实现动态顺应。当然，由于笔译通常不需要马上完成，所以译者有比较多的时间对选用的词语反复斟酌，多次更换，直到完全满意。另外，语言中很多词语是多义词，因此译者翻译时得万分小心，否则很可能会张冠李戴。例如，cool这个英语词，即便是出现在同一篇行文里，意思也可能相去甚远：cool air（凉爽的空气），a cool idea（很棒的主意）、a cool look（冷冷地看了一眼）、keep /stay cool（处变不惊）、a cool color（冷色调）、a cool million（整整100万）这些短语中的cool意义都不一样，一不小心就会译错。而这样的词语在英语中比比皆是，这就需要译者根据这个词出现的具体语境随机应变，实现语义的动态顺应。其他学者在研究翻译的动态顺应过程时发表了一些很有见地的看法，如莫爱屏（2010）认为："译者动态地顺应原语的语境和语言结构，继而又顺应目的语的语言结构和语境，制约着翻译的成功与否。微观上，译者的记忆对两种语言间互动具有限制作用，而交际过程中交际内容、方式、地点等又受到时间变动的影响；宏观上，译者与交际双方因语言、文化以及时代方面的差异，可能会使翻译有一定难度，因此，译者需动态地顺应交际者的认知心理状态、个性特征以及制约语言选择其他方面的因素，以帮助交际者实现成功交际之目的。"[1]下面笔者将以更多的实例来进一步分析和说明翻译动态顺应的过程。

众所周知，文学作品和哲学、政治、经济、军事等方面的著作在不同的时代有不同的译本，这是不同的时空催生的翻译动态顺应。对著名作品在不同时代产生的不同译本的研究并不鲜见：《时代的变迁与译文文本的发展——〈李尔王〉不同译本比较的探讨》（梁颂宇，2002）、《弗洛伊德〈梦的解析〉在台湾的两种中文译本》（Huang Shih-Ming，2010）、《外国文学翻译体例的时代演变——基于〈瓦尔登湖〉不同译本的比较》（吴巳英，李靖，2011）、《从不同时代读者期待视野差异的角度比较〈名利场〉的两个中文译本》（王楠，2015）、《保罗·魏格纳的翻译理论与圣经汉译——兼及四种现代汉译本与死海古卷对比》（冯成伟，2016）。这些研究讨论和分析了时代的变迁给翻译带来的影响，包括译者对原作思想及语言不同的解读、语言变化造成的词义差异、社会文化语境的变革催生的新文风等。其中，黄世明（Huang Shih-Ming，2010）通过对比弗洛伊德的著作《梦的解析》在台湾最常见的两个由英文翻译成中文的译本（分别出版于1972和2000年），分析了两个版本相隔28年给译本带来的各方面的变化，并就这些变化在读者身上产生的不同的阅读体验进行了探讨。虽然这些研究讨论的具体细节不同，但是它们得出了一个共同结论，即时空的不同和时代的变迁使著述的新译本与旧译本相比发生了不同程度的变化，而这种变化正是翻

---

[1] 莫爱屏：《话语与翻译》，北京：高等教育出版社，2010：170-171。

译的动态顺应产生的自然结果，体现了译者与时俱进的精神。

外国人名属于专有名词，比较理想的状态是能够在初次引入一个国家或地区时就一锤定音，之后大家都使用这个译名。但从外国人名翻译的历史情况来看，并非所有的外国人名都是一引进其译名就一成不变的；实际上，不少译名都是经过一段时间后才稳定下来并最终定型的。这当然会产生一些误会和麻烦，但却体现了翻译动态顺应的特点。陆小美（2001）在其硕士学位论文中列举的Bizet，Brahms，Dvorak等外国音乐家的名字，引入我国后经过十多年才基本定型为"比捷""布拉姆斯""德沃夏克"。[1]还有，马克思和恩格斯这两位革命家和政治理论家的名字也不是一引入中国就是这样的，而是经历了二十多年才定下来。有一则与我们正在讨论的话题相关的轶事，与我国政府有关部门对英国以前派驻香港的总督名字的翻译有关。以最后一任港督彭定康（Christopher Francis Patten）为例。我国外交部开初并未使用英国官方建议的这个译名，而是按照内地的外国人名通用翻译规范将其译为"柏滕"，造成了一些不必要的麻烦，所以后来还是采用了"彭定康"这个英国官方建议的译名。有一段时间内地同样也是采用英国官方建议的英国政府官员的中文译名，但在香港可归祖国前后又开始使用根据内地翻译规范产生的译名。发生在外国人名译名身上的这一系列变化其实也不奇怪，它反映了翻译活动的重要特点——动态顺应。不过，人名这种专有名词比较特殊，通常经过一段时间以后就会产生一种人们普遍接受的版本，成为约定俗成的译名，其他形式的译名则渐渐被人们遗忘。

实际上，动态顺应也同样会发生在普通词汇的翻译之中。先看看过去带"洋"字的一些词语的变化。旧中国很长一段时间，从外国引进或者模仿外国产品制造的东西的译名都带有一个"洋"字，如"洋枪洋炮"、"洋行"、"洋药"（西药）、"洋油"（煤油）。笔者记得小时候有时还把火柴叫"洋火"，把肥皂叫"洋碱"，把自行车叫"洋车"或"洋马马"。但是，现在这些译名都已经成为过去时，没有人再用了，这种对新时代的动态顺应并不是一两天就完成的，而是在数十年中不知不觉逐渐完成的。五四时期民主（democracy）与科学（science）的观念引入中国时，最先采用的是完全音译的"德谟克拉西"和"赛

---

[1] 陆小美：《两岸三地英语来源外来词翻译对比研究》，南宁：广西大学硕士学位论文，2001：24。

因斯",也有人将其幽默地称为"德先生"和"赛先生",后来才从日语中引入了"民主"和"科学"这两个词语作为正式译名。"伟哥"是一种治疗性功能障碍的药物,西方的药品名称为Viagra,最初并没有"伟哥"这一译名,内地按这个外文词的发音译为"万艾可",但没过多久内地民间也开始从香港借用了"伟哥"的译名,可能是因为这个译名既有趣又好记,这种动态顺应是自然而然地发生的。这方面比较有趣的是Coca Cola中文译名产生的故事。当这种软饮料1886年首次生产出来后,最初的中文译名是"蝌蝌啃醋",这个名字自然导致该产品在中国销路不畅。因此,1936年,该公司在报纸上刊登了征集新译名的启示。旅英华侨蒋彝翻译的"可口可乐"入选,获得奖金350英镑(当时约合5000银元),从此这种饮料的中文译名就定了下来,并沿用至今。[1]可以看出,翻译的动态顺应不但反映了翻译活动的自然属性,而且可以产生很好的效益。

　　源自海外的物品名称的译名诸如此类动态顺应的故事不胜枚举。下面再举几个大陆的例子(变化的路径用箭头表示):penicillin→盘尼西林→青霉素;vitamin→维他命→维生素;AIDS→爱滋病→艾滋病;hormone→荷尔蒙→激素/荷尔蒙;champagne→三鞭酒→香槟酒;computer→计算机→计算机/电脑(民间使用较多);laser→莱赛/莱泽→激光;microphone→麦克风→传声筒/传声器→话筒/麦克风;cartoon→卡通片→动画片/卡通片。内地目前使用的引进物名中有一些同时存在至少两个译名,如"激素"与"荷尔蒙","计算机"与"电脑","话筒"与"麦克风",其中"电脑"等是从香港借入内地的。还有一些大陆过去使用过的译名港澳台目前仍在使用,如"盘尼西林""爱滋病"。这些东西的译名经过一系列动态的变化和顺应最终定型,是翻译过程比较典型的动态性实例。在研究大陆与港台来源于英语的普通外来词的文章中,陆小美(2001)曾提到这样的现象,即大陆引入的路径通常是由下而上,而港台则相反。由下而上,是说大陆使用外来普通词的首先是大众,如地域、方言、行业等差异导致产生不同的译名,之后在有关部门或行业的干预下才慢慢统一。由上而下,是指外来普通词语进入港台时,往往是在英语水平较高的精英阶层流行,之后才逐渐推

---

[1] 杨逢彬:《漫话名称音译》,凤凰资讯网,2014-04-01. http://news.ifeng.com/gundong/detail_2014_04/01/35362345_0.shtml.

广到一般民众。[1]在这一过程中，无论是大陆还是港台，外来物品的译名通常都会经历一个由"纷乱"到相对规范的变化过程，而译名的这一变化过程从一个角度反映了翻译的动态性，是翻译动态顺应的一种表现形式。

　　下面我们再通过电子游戏名称的翻译来观察翻译过程的动态性。这种情况有时是因人们开始对游戏的内容不甚了解后来才慢慢搞清楚造成的。例如，有一款出自日本的电子游戏英语名字叫Parasite Eve，大陆译者初次翻译时不知道Eve是指"前夜"还是"夏娃"，争论一阵之后将其译为"前夜"，所以游戏全名的中文译名就是《寄生前夜》。但是，这款游戏其实是以日本作家濑名秀明的获奖恐怖科幻小说《异魔》为蓝本制作的。从小说讲的故事和小说中的人物来看，Eve应该翻译为"夏娃"才对，1997年根据这部小说拍摄的电影的名字《寄生体夏娃》也证实了这一点。况且当这款游戏的续集出来后，译者和玩家们也发现以前的译名有误，把Eve译为"夏娃"才准确，所以大陆有的人就把续集译成《寄生夏娃2》《寄生夏娃3》。但遗憾的是，还是有许多人不愿意改名，仍然将错就错，沿用第一集的说法，将续集称为《寄生前夜2》《寄生前夜3》，致使同一款电子游戏同时存在不同的译名。另一款1996年发布的日制电子游戏英文名字为Wild Arms，大陆一开始翻译成《荒野兵器》，看起来一点问题都没有。后来才得知Arms其实并非真正意义上的兵器，它实际上是一个缩略词，英语全称是Ancient Relic Machine，即"古遗迹机器"，将Arms翻译为"兵器"显然不正确。之后续集又出来了，虽然英文全称未变，仍然是Wild Arms，但每一集的Arms代表的意义都不相同，分别是Agile Remote Mission Squad（遥远任务火速反应突击队），Artifacts from Ruins Memories（遗迹记忆之技术），Ambient Reorganization Material（环境再造之材料），Ancestor's Renowned Mausoleum（荣耀祖先之墓地），等等。游戏推销商将错就错，没有分别译出每一集Arms的具体含义，仍旧使用《荒野兵器》，只是把1，2，3等数字放在"兵器"后面指代不同的版本，即《荒野兵器1》《荒野兵器2》。在这里，随着人们对电子游戏名称的理解与认识从初期的误解到逐渐加深，游戏的中文译名也或多或少不得不进行一些调整，以动态顺应新的情况和认知，即便是字面上没有改变，将错就

---

[1] 参见：陆小美：《两岸三地英语来源外来词翻译对比研究》，南宁：广西大学硕士学位论文，2001：22。

错的表达也必须得到目的语接受者的认可才行。

与普通语言交际一样,翻译也是一个动态的过程,从对源语文本或话语的分析与理解及对交际语境和文化语境的顺应,到对各类交际参与者的要求和心理状态的考虑,以及对目的语语言表达的最终选择,整个翻译阶段都是一个不断思考、不断修改、不断变化和不断完善的过程。语言的选择和顺应就是在这种动态的环境中进行的,随着翻译工作的推进,译者本来以为已经完美的译文可能又会变得不完美甚至成为谬误,所以必须改译或完全重译。这的确比较烦琐,但这是翻译动态顺应的必然过程,译者应该正确处理,积极应对,而不是因循守旧,一成不变。

6.2 译者主体性与顺应的关系

随着翻译实践与理论的发展,对翻译中译者主体性的认知大约经历了三个阶段:在以古典语文学和美学为基础进行的早期翻译活动中,译者依靠直觉和美感进行翻译,有较大的自由度;之后在以结构主义语言学为基础开展的翻译实践和研究中,由于过分强调忠实于原文,译者的作用被忽略;目前,在以交际、社会文化和语用学为导向进行的翻译活动和研究中,译者的作用重新受到重视,译者被置于整个翻译活动和过程的中心位置。[1]不少学者在研究中对译者主体性的内容和作用进行了探讨,提出了一些值得借鉴的观点。例如,刘建刚(2007)给译者主体性下了这样的定义:译者主体性是指译者发挥主观能动性使自己的创造力得到充分的发挥,以便在翻译中取得更好的对等效果。译者主体性表现的形式包括文化意识、人文品格以及审美创造力。[2]简言之,我们可以把译者主体性理解为,译者在翻译活动中基于自身的思想观点、人文素质及审美情趣,在关注社会文化语境的同时,对翻译活动进行的有意识的操控,这种操控将原文和译文两个客体以及原作者和读者两个主体联系在一起,其结果最终会在目的语语言表达的选择上体现出来。维索尔伦(Verschueren,2000)在《语用学新解》一书

---

1 胡庚申:《翻译适应选择论》,武汉:湖北教育出版社,2004:46。
2 刘建刚:"Pragmatic Choices and Equivalence Translation",上海:上海外国语大学博士学位论文,2007:125。

中虽然没有直接讨论译者的主体性,但是他对交际中语言顺应的动态性和意识突显的讨论与此密切相关。翻译动态性和意识突显的关键是意义的生成(meaning generation),意义的生成在翻译中是通过译者来实现的,而译者是在其主体性的支配下通过恰当的目的语语言选择和顺应而生成意义的。由于大陆和港澳台译者所处的社会文化背景有一定差异,而译者主体性受社会文化的影响极大,这会反映在译者所做的目的语语言的选择和顺应上,对同一段原文往往会生成不同的译文。

译者主体性可以体现在两个层面。第一个层面的基础是译者所处社会和文化对他的影响,这与维索尔伦(Verschueren,2000)提到的"社会心智"(mind in society)有关[1],同时也与翻译活动的大小语境相关。译者在已经内化的心理语境和外在的社会、物理及语言等各种语境因素的影响下,通过思索与筹划,确定翻译的题材或是否愿意接受翻译任务或项目(但有些翻译任务是规定性的),决定翻译的方案,选择翻译的策略,考虑内容的取舍或改写,使用他认定的最佳语言表达,顺应目的语接受者。在整个过程中,译者处于中心位置。相对译者而言,翻译活动的其他主体(作者、读者、翻译任务的赞助者或委托者等)和客体(原文、译文等)因素处于次要位置。虽然译者也会受制于某些因素或外部力量,但是总体上仍然拥有很大的自主权。国内学者对此发表过自己的观点。如陈洁(2013)在研究翻译生态环境对译本语言的影响时做了这样的总结:"不同的政治历史、不同的区域特色、不同的社会文化造就了不同的译本语言风格和表达形式。译者在翻译活动中的主体性有意或无意地一直受到翻译生态环境的制约。因此,译文不仅仅是译者在解读原作意图的基础上,将源语言转换为译入语的产物,而是译者在接受了生态环境的选择之后,在适应翻译生态环境的基础上理性选择的产物。"[2]译者进行翻译活动时,会依据各种社会文化语境和语言语境,主动或自动地顺应这些语境因素,做出最优的译语语言选择。"主动顺应"比较好理解,就是在比较明确和强烈的意识突显的作用下有意识地选择符合目的语读者或听者的语言或表达;而我们这里说的"自动顺应"是一种下意识的顺应,虽

---

[1] J. Verschueren: *Understanding Pragmatics*, Beijing: Foreign Language Teaching and Research Press, 2000: 173.

[2] 陈洁:《翻译生态环境对译本语言的影响——对比〈暮光之城·破晓〉大陆译本和台湾译本》,《吉林广播电视大学学报》,2013,142(10):72。

然是下意识的,却仍然是译者主体性的体现,因为这种自动性是在译者自身文化禀赋、审美意识、语言能力等内在因素与外部社会文化、语言以及物理因素的相互作用下产生的,因此并不是随意的,而是有一定规律的。

译者主体性的第二个层面体现在译者相对独立的特性上。每个人既有其社会属性,也有一定的个体特性,翻译工作者也不例外。虽然译者在从事翻译活动的过程中会受到形形色色外部因素的制约,使其翻译的作品或言语在很大程度上成为一种满足社会需求或迎合大众心理的产品;但另一方面,每位译者个人的思想观点、人文修养、审美标准、兴趣爱好、语言风格等特点是不同的,而这些差异或多或少也会通过其选用的译入语语言表现出来。当然,无论译者在译入语中体现什么样的翻译风格或表达什么样的思想和审美情趣,这些翻译风格、表达的思想和审美情趣通常也会被译者控制在读者可接受的范围内。如果是文学性的翻译,译者也会把自己译文中表达的个性特征限制在目的语读者可接受的范围之内,但是目的语读者的圈子有时候很大,有时候又比较小——小说的读者圈通常很大,诗歌的读者圈相对就小得多。

前面章节所举实例都可以作为译者主体性在两个层面发挥作用的例证,因为这两个层面事实上是同时存在的,无论是主动还是自动顺应各种外部因素,或是主动或自动表现自己的翻译风格和特点,译者主体性都在自觉或不自觉地发挥作用。为了更加清楚地认识两岸及港澳译者主体性的表现,笔者将再举一些翻译实例进行讨论。先从译者主体性角度分析一下专有名词和科技、专业术语的翻译。相对普通领域文本的词汇而言,专有名词和科技、专业术语翻译时的规定性或制约性要大一些。比如大陆相关部门对人名、地名和科技、专业术语的翻译标准和方法都有一些规定和指导性意见,港澳台翻译界也有一些成文或不成文的规范和惯例,有关领域或行业也希望这些类型词汇的译名能够比较统一。总的来说,大陆译者翻译人名和地名时通常遵守名从主人的原则,采用音译,连选词用字都有一定的参考标准,因此译者主体性主要体现在对外部因素的顺应上,译者自身的翻译喜好受到一定的限制。台湾和港澳这方面的情况也基本相似,所以各地区外国人名和地名的中文译名基本一致。不过,外部社会文化语境及语言语境的差异,造成同一个人名或地名的译名各地区之间经常有所不同。如美国前总统Bush和Reagan在大陆分别译为"布什"和"里根",在台湾也称为"布什"和"里根",而在港澳的译名则是"布殊"和"列根"。地名Saint Kitts and Nevis和Saint Vincent and the Grenadines在大陆、台湾和港澳的译名分别是"圣基茨和尼维斯"和"圣文森特和格林纳丁斯"(大陆),"圣克里斯多福"和"圣文森及格瑞那丁"(台湾),"圣吉杜化与尼夫斯"和"圣芬生与格林纳达群岛"(港澳)。虽然各地的中文译名相异,但是同一个地区使用的译名通常都是一样的。科技、专业术语方面的情况基本相同,如byte(计算机术语),ammonia(化学术语),involvent(法律术语)这几个科技、专业术语在大陆对应的表达分别是"字节""氨""缺乏清偿能力",台湾将其翻译成"拜""阿摩尼亚""不能清偿",而港澳的译名是"数元组""亚摩尼亚""无力偿债/无偿还能力"。上述词类的翻译主要体现了译者主体性适应外部世界即展现了主体性的社会属性。

  时政新闻翻译或编译在体现译者主体性的第一个层面上非常突出,这是由其性质所决定的。时政新闻的政治性、政策性和时效性都很强,特别是对敏感问题的报道。在翻译或编译时政新闻时,译者主体性尤为重要。译者必须考虑很多因素,如本国当下的政治气候、执政者的态度、所属新闻机构的规定、大众的心态、媒体篇幅的限制,等等。译者会主动思考这些语境因素对译文的制约或影响,考虑成熟后才决定翻译的策略,确定取舍的内容和译文的格调,最后选择恰当的言辞。这听起来似乎有些矛盾:在翻译的过程中译者一方面要尽量展现自己的主体性或主观能动性,另一方面,其主体性又受到各种形式的社会文化语境的限制,无法完美地展现。其实这并不矛盾,应该说这正是译者主体性的表现。译者在综合考虑各种语境因素以后,自主做出顺应相关语境的目的语语言选择,不管这种选择是自愿的还是迫不得已的。这里Chen Ya-mei(2011)的看法值得一提:(译者)主体性并非毫无拘束,而会在一定程度上受到制约。只有当译者以最佳方式发挥并适当控制自己的主体性,才会产生受人欢迎和表达恰当的目的语新闻语篇,也才能够达到有效的跨文化交流的目的。[1]该作者就台湾新闻媒体对外国时政新闻编译的研究充分说明了这一点。简而言之,同一个地区时政新闻

---

[1] Chen Ya-mei: "The translator's subjectivity and its constraints in new transediting: a perspective of reception aesthetics", 2011, 56(1): 120. erudit: http://www.erudit.org/revue/meta/2011/v56/n1/1003513ar.html.

的翻译/编译具有共同的特点，因为同一个地区的政治气候、领导人的态度、所属新闻机构的规定、大众的心态等社会文化语境因素基本相同。

译者主体性的第二个层面是以译者自身的思想观点、人文修养、审美标准、兴趣爱好、语言风格等为基础的，是其个性所决定的，当然也会体现在译文之中。译者主体性的个性特征与译者的翻译风格联系紧密，贝克（M. Baker, 2000）给译者翻译风格下的定义是："以各种语言和非语言形式表达的一种'指纹'。"依照贝克的观点，译者翻译风格具体体现在以下几个方面：选择翻译的材料（如有可能）以及习惯性使用的具体翻译策略，包括在整篇译文中如何表述序言、后记、脚注、尾注，等等。她认为"翻译风格就是一种模式"[1]。与科技、专业术语的翻译不同的是，普通领域文本和词汇的翻译更容易体现译者主体性的个性特征。例如，不少日常用语在一个地区往往也有不同的译法。如作为艺术形式的show在大陆可以被译为"表演"、"演出"或"秀"，在台湾至少也有"秀"和"表演"两种译法，在港澳也存在"骚"和"表演"两种形式。又如，taxi在大陆、台湾和港澳都有两种以上的叫法，大陆人有时候称其为"出租车"，有时候又叫"的士"；台湾同胞通常称为"计程车"，但也有人使用日语takushi；港澳称"的士"，或直接用英语"taxi"。翻译中遇到show和taxi这两个词语的时候究竟应该使用哪一种说法在很大程度上取决于译者的个人喜好，或者说取决于译者主体性的个性特征。

非专业性翻译包括文学翻译和演讲词的翻译，最能体现译者主体性的个性特征，因为翻译的创造性可以在这里"施展拳脚"。译者同样会主动或自动地发挥自己的主观能动性，在顺应宏观社会文化语境和微观交际语境的同时，在译文里尽情地展现自己的翻译风格和特色。俞佳乐（2006）在其著作中表达的观点正好与此吻合："在翻译活动中，由于译者的'前理解'受到自身所处历史、文化、社会背景的影响，因此每个译者对文本内容的理解方式会有所不同，也就会出现'一千个读者，一千个哈姆雷特'的现象。译者身处其中的社会文化背景、时代审美标准、民族生活经验等因素无不影响着他对原作的理解，从这个意义而言，对于原著的解读会是一个无法终止的过程。……因此，无论在对原文的理解阶

1　M. Baker: "Towards a methodology for investigating the style of a literary translator", *Target*, 2000, 12(2): 245.

段还是在译文的重新表达过程中,译者的主观介入是客观存在的事实。"[1]这种"主观介入"在很大程度上就是译者主体性中个性特征的反映,具体体现在他的翻译策略和目的语具体语言表达的选择上。

我们在4.2.3一节中讨论翻译过程中译文语言词序与句式的顺应时,以美国新任总统特朗普胜选演说的节选为例进行了探讨。我们发现大陆译文句子的特点是比较忠实于原文,自由发挥较少,句子相对较短;相对而言,港台译者翻译时自由一些,经常有所发挥,句子往往较长。这体现了大陆和港台译者发挥各自主体性的第一个层面,即同一个地区翻译风格比较一致,这是各地区译者顺应本地区社会文化及语言语境的结果。此外,译者主体性的第二个层面——主体性的个性特征实际上也蕴含在同一译文之中。如果我们比较同一地区不同译者翻译同一段话语的译文就看得更清楚:

实例99:

英语原文:And now I would like to take this moment to thank some of the people who really helped me with this, what they are calling tonight a very, very historic victory.(引自特朗普美国总统竞选胜选演说,2015-11-09)

大陆译文:(1)现在我想利用这个时刻感谢那些曾帮助过我的人,是他们帮助我取得了今晚这一历史性的胜利。(引自翻译达人网,2016-11-11)

(2)现在,我想感谢那些真正帮助我的人们,因为拥有他们,才有了今天这个晚上,才有了这次历史性的胜利。(引自腾讯网腾讯新闻,2016-11-09)

(3)而此刻,我想借此机会,衷心感谢所有帮助我的人。他们使今晚成为一个极其极其历史性的胜利。(引自就爱阅读网,2016-11-10)

此例的英语原文仍然是特朗普总统竞选胜选后演讲中的一小段,以上三个网

---

1 俞佳乐:《翻译的社会性研究》,上海:上海译文出版社,2006:197-198。

站的汉语译文具有我们上面说到的共同特征——意义贴近原文，语言比较正规，自由发挥不多，句子较短。现在，我们来仔细对比一下这三段译文，看看它们有什么不同。从句子结构看，译文（1）只有两个分句，而译文（2）和译文（3）有更多的分句甚至句子，因此译文（1）最简短，这是其一；其二，从修辞角度分析，只有译文（2）运用了比较明显的修辞手段，即"才有了……"组成的两个排比句，所以在这三段译文中译文（2）修辞色彩最浓；其三，译文3使用了"此刻""借此机会""衷心感谢"等比较正式的词语，文体最正式。这些特点展现了三位译者不同的翻译风格和特点，这也正是他们译者主体性不同的个性特征。

由于译者主体性是由译者自身的思想水平、人文素质、审美能力以及专业和语言能力等因素决定的，所以主体性的发挥因人而异，这在译文的质量方面可以表现出来。译文质量至少有两个方面：一是译文内容是否准确传达了原文的基本思想和内容，是否达到了作者（如果作者在世并有这方面的要求）、翻译任务赞助者或委托者的要求，特别是是否符合目的语终端读者或接受者的需求和期望；二是译文翻译的水平是否符合现实的标准，语言是否正确、通顺等。只要有其中一项未达标，译者主体性的发挥就不到位。下面举例说明：

实例100：

英语原文：Over the years, on too many occasions to count, I saw my father **tear stories out of the newspaper** about people **whom he had never met** who were facing some injustice or hardship. **He'd write a note** to his assistant **in his signature black, felt-tip pen**, and request that **the person** be found, and invited to Trump Tower to meet with him. He would talk to **them**, and draw upon his **extensive** network to find **them** a job, or **get them a break**. And **they** would leave his office, **as people so often do after meeting with Donald Trump**, feeling the life could be great again.（引自伊万卡为其父亲特朗普竞选美国总统而发表的助选演说，2016-11-09）

大陆译文：多年来，在多到数不清的场合**里**，我发现我父亲为那些**正在**面临着一些不公正或者有困难的人**潸然泪下**。**他还写了一个便签**给他的助理，告诉这个助理把**那些**他看到的有困难的**人**邀请到 Trump Tower 来见他。我父亲会跟**这些人**聊天，然后通过自己**卓越的**商业人脉帮助**这些人**找一份工作或者给**他们一个换成**。在**这些人**离开我父亲的办公室时，**他们**感觉人生又燃起了希望。（引自三亿文库网）

台湾译文：多年来，在太多次场合，我看到父亲**撕掉**报纸上关于一些他**从未谋面人**的故事，他们正遭受不公或面临困境。**他会**用签名专用黑色毡尖钢笔给助理**写个便条**，要求助理找到**此人**并邀请他到**川普大厦**与其见面。他会与**他们**交谈，然后利用自己**庞大的**关系网为**他们**找份工作或**让他们时来运转**。当这些人离开他的办公室时，**他们往往像那些曾与川普会过面的人一样**，觉得生活可以再次回归正轨。（引自台湾新唐人网，2016-11-10）

这是伊万卡为其父亲特朗普竞选第45任美国总统发表的助选演说，这里是笔者收集到的一个大陆译本和一个台湾译本中的一小段。从这一段大陆和台湾的译文来看，其总体上都基本顺应了各自的社会文化和语言语境，也体现了两个层面的译者主体性。不过，进一步细读我们会发现一些问题。例如，大陆译文中"潸然泪下"显然是对演说中 tear stories out of the newspaper 的诠释或者说发挥。但伊万卡欲表达的意思显然与此有天壤之别——其实她只是在叙述父亲特朗普看到报纸上的不幸报道后从上面撕下那则报道，然后把它交给助手，他再写一张便条，以便与被报道的人联系，并没有"泪崩"的含义。对照一下同一句话的台湾译文，发现也有不尽如人意之处："撕掉"和"从未谋面人"两个表达意思不准确——"撕掉"应该为"撕下"，而"从未谋面人"应该在"谋面"后面加上"的"字。"撕掉"和"撕下"仅一字之差，但意义有所差别，前者隐含愤怒之意，但后者没有——演讲原文并未包含愤怒之意，而是描写特朗普的仁爱之心。原文中的 He'd write a note... 被大陆译者翻译为"他还写了一个便签……"，

161

台湾的译文是"他会……写个便条",显然台湾译者翻译得更准确,因为He'd即He would,是表示过去经常性的动作或行为。中文情态助动词"会"可以表达这个意思,但大陆译文仅仅是对过去一次行为的描述,与原义并不完全吻合。当伊万卡讲到父亲要求助手邀请被报道的人来特朗普大厦做客时,她先使用了单数the person和him,之后又转换成复数them。对此大陆译者处理的方法是使用"那些……人"将前面的单数也转变为复数,与后面使用的"这些人"和"他们"协调一致,很好地发挥了译者的主体性。相反,台湾译文与原文字面意思完全一致,先是使用"此人"和"他",而后又变成了"他们"和"这些人",听起来比较别扭。不过,大陆和台湾译者对这句话里Trump Tower这个专有名词处理的情况恰好反了过来——大陆译者是直接借用,没有翻译这个大厦的名字,台湾译者将其译为"川普大厦"。相比之下,译出来是更好的选择,因为如果不译,很多受众并不知道Trump Tower是什么。原文同一句话中修饰network的形容词extensive的翻译也值得一提,内地译为"卓越的(商业人脉)",台湾译为"庞大的(关系网)",台湾译者选用的中文词语显然与后面被修饰的词语更搭。在这句演讲词的最后,伊万卡使用了get them a break这个英语成语,意思是"给……一次机会",这是break的含义之一。因此,台湾译文里的"让他们时来运转"比较符合原义,清晰易懂;内地译文"给他们一个换成"的意思却有点让受众摸不着头脑,因为这并不是大陆人常用的说法。最后,这一段里插入的as people so often do after meeting with Donald Trump这一比较状语从句大陆译者根本没有翻译,但台湾译者翻译为"他们往往像那些曾与川普会过面的人一样"。虽然这是一句插入语,但是表达的意思却非常重要,因为它说明特朗普对所有他见过的人都宽厚仁慈。因此,这么重要的一句话被大陆译者省掉是欠妥的,而台湾译者恰好在这里体现了自己的译者主体性。从上述分析来看,这段演说词台湾的译文疏漏和语言问题要少一些。因此,就这段译文而言,我们可以说台湾译者更好地发挥了自己的译者主体性。

无论是大陆译者还是港澳台的译者,译者主体性在翻译实践中都有体现。当然,译者主体性的发挥在程度上往往有所不同,有的译者发挥充分,有的则发挥得一般,这与译者自身的思想、知识、修养、审美观以及语言技能有很大的关系。译者主体性体现在两个方面:一是对自己所处社会文化语境和语言语境主动或自动的顺应，二是在译文里体现译者自己个人的风格和特点。正是因为前者，译文才得以被目的语受众接受，而后者可以让目的语受众领略或欣赏到各具特色的译文。

6.3 顺应的连续性与整体性

语言交际是一个不断选择语言的过程，维索尔伦（Verschueren，2000）在阐述语用综观论的时候反复强调这一点。他指出："语言选择与所有上述因素相关，即选择一种语言、语码和文本，并按照一般话语构建原则从不同层级的话语构建成分中选择合适的语词构建具体类型的话语或话语组合。"[1] 他在探讨交际的动态性时对语言交际过程的连续性和整体性阐述得尤为清楚。翻译活动无论是口译还是笔译，从整体上看都是一个连续的过程。口译自不待言，交替传译和同声传译都要求译员在很短的时间内把交际的一方所说的一段话由源语翻译成目的语，以便说不同语言的另一方能够理解其意。翻译一段话时，译员根据自己的记录和记忆，运用自己的专业知识，考虑所处实际交际语境和社会文化语境的相关因素，迅速做出译入语语言的选择。就笔译而言，除时间和及时性等因素外，翻译的基本过程和原理是一样的。在选定或接受源语材料或资料后，译者的翻译工作开始了；翻译时译者会利用自己收集的参考资料或信息，加之自己储备的相关知识，结合原文语境、原作者所处社会文化语境、译者自身所处语境以及读者或观众所处语境，做出最佳目的语语言选择。当然，笔译比口译的时间充足，所以译者完成一段、一章或整篇材料的翻译后，在交稿期限之前，还可以回过头去检查和修改。翻译活动的整体性和综合性在语言的顺应过程中表现得尤为明显。当译者进行某一语言选择时，他对语境因素的考虑是整体的、综合性的，既要关注说者/作者和听者/读者等交际参与主体的心理因素，又得顾及与原文、译文相关的各种社会文化因素，同时还要考虑源语和目的语语言自身的各种因素。本书第三、四、五章将翻译顺应的各方面分开来讨论和分析，并非因为这些因素各不相干或相互独立，而是出于突出某一方面的考虑。为了让读者更加全面地审视翻译

---

1 J. Verschueren: *Understanding Pragmatics*, Beijing: Foreign Language Teaching and Research Press, 2000: 143.

顺应的过程，更加透彻地了解大陆和港澳台在英译汉顺应过程中的异同，本节将以一些翻译实践为例对翻译顺应的过程进行讨论。

首先，在前面的章节中，我们通过讨论人名和地名、物品名称、影视作品名称等的翻译策略和翻译方法得知，海峡两岸及港澳采用的翻译策略和翻译方法不尽相同。在人名和地名的翻译方面，大陆通常采用异化策略和音译法，让人一看译名便知是外国人或外国地名；港澳台一般采用归化策略，用中国人的姓氏来翻译外国人名，或使用中式地名翻译外国地名，虽然好记，但初次看见可能以为是中国人或中国地名。物品名称的翻译则相反，大陆往往意译，使人容易辨认物品的性质、功能或特征；港澳台经常音译，听起来"洋味"十足。影视作品名称的翻译又不一样，大陆大都采用直译，中规中矩；港澳台则常常根据作品的内容加以发挥，或用词夸张，或语气缠绵，或方言土语并用。大陆也好，港澳台也好，如此这般的翻译策略和手法都不是个案。相反，大陆和其他地区在翻译中采用的这些策略和方法在各地区内都是统一的，每翻译一个同类型的项目译者往往从纵向和横向两个方面参照其他类似项目的译法，从而确定译文。这种按照一贯的原则、前后左右参照的翻译方式是翻译连续性和整体性的一种具体表现。宋志平（2004）在谈到翻译目的时说："翻译行为具有多种选择组合的性质，作出选择就是为了顺应多层次、多维度的翻译目的，这样才能更有效地实现翻译的功能。一般情况下，每一个翻译行为都有一个既定的目的，并且要尽可能实现这一目的。然而，目的又可以是达到某种目标过程中的临时性阶段，因此在这一过程中就可能有多种相互关联的、属于不同阶段的目的……事实上，大多数翻译行为都可能有各种各样的相关目的，它们共同构成有序的梯阶。鉴于此，译者必须能够针对特定的翻译语境选择一种特定的翻译目的，而翻译活动中的每一次选择都是为了顺应翻译目的而作出的。"[1]这是对翻译连续性和整体性的很好的注解。

再举一个系列电影名称的翻译实例。请看美国华纳兄弟电影公司根据英国女作家J. K. 罗琳的著名魔幻系列小说改编的几部电影名称：

1　宋志平：《翻译：选择与顺应——语用顺应论视角下的翻译研究》，《中国翻译》，2004，25（2）：21。

实例101：

英语原名：Harry Potter **and** the Sorcerer's Stone

　　　　　Harry Potter **and** the Chamber of Secrets

　　　　　Harry Potter **and** the the Prisoner of Azkaban

　　　　　Harry Potter **and** the Goblet of Fire

　　　　　Harry Potter **and** the Order of the Phoenix

大陆译名：哈利·波特**与**魔法石

　　　　　哈利·波特**与**密室

　　　　　哈利·波特**与**阿兹卡班的囚徒

　　　　　哈利·波特**与**火焰杯

　　　　　哈利·波特**与**凤凰社

港台译名：哈利波特——神秘的魔法石

　　　　　哈利波特——消失的密室

　　　　　哈利波特——阿兹卡班的逃犯

　　　　　哈利波特——火杯的考验

　　　　　哈利波特——凤凰会的密令

只需稍加观察就能发现大陆与港台译名中语言和符号的差别。首先，Harry Potter的中文译名大陆在姓氏和名之间使用了分隔号，即"哈利·波特"；港台译名没有，即"哈利波特"。其次，英语原名里的连词and内地译为"与"，如"哈利·波特与魔法石"；港台以破折号表示，如"哈利波特——神秘的魔法石"。还有，除了第三个故事，大陆译名在连接词"与"的后面都只用了一个单独的名词，如"魔法石"；港台使用了一个较长的带有修饰语的短语，这个修饰语以结构助词"**的**"结尾，对原文的意思有所发挥，如"神秘**的**魔法石"。这里需要特别说明的是，大陆与港台这些语言和符号上的差别规律性很强，几乎每一部电影的译名都一样，既显现出大陆与港台影视片名翻译各自的特点，同时给人一种连续和整体的感觉。实际上，即便不是系列影片，如扮演电影主角的影视明星相同，或者故事的某种特征相似，译者翻译影片名称时也经常选用相同的词语。港台译名这方面的特点尤为突出，诸如"魔鬼""终极""疯狂""惊天"

这些带有夸张色彩的词语都是港台外国影片译名常用的字眼,这一点在4.3.2节中已有讨论,读者可以参阅。上面这些西方影视片名翻译的一致性表现在各语篇中,体现的是翻译在比较宏观的层面上的一致性。这种一致性的基础是语篇之间存在某种相同、相似或者相通的内容或特征。

我们还可以从同一系列影片中人物名称的翻译方式和特点来观察和体会翻译活动的连续性和整体性。除了哈利·波特以外,这个系列故事中还有很多其他形形色色的人物,表6-1是其中一些人物的英文原名和他们的大陆及港台中文译名:

表6-1 《哈利·波特》系列故事片部分人物名称大陆与港台译名

英语原名	大陆译名	港台译名
Harry Potter	哈利·波特	哈利波特
Hermione Granger	赫敏·格兰杰	妙丽·格兰杰
Rita Skeeter	丽塔·基思特	丽塔·史讥
Myrtle	桃金娘	麦朵
Nymphadora Tonks	尼法多拉·唐克斯	小仙女·东施
Gilderoy Lockhart	基德罗·洛哈特	基德罗·洛哈
Cornelius Fudge	康奈利·福吉	康尼留斯·夫子
Draco Malfoy	德拉科·马尔福	跩哥·马份
Sirius Black	小天狼星·布莱克	天狼星·布莱克
Lord Voldemort (You-Know-Who)	伏地魔(神秘人)	佛地魔(那个人)
Mad-Eye Moody	疯眼汉·穆迪	疯眼穆敌
The Dementor	摄魂怪	催狂魔
Ron Weasley	罗恩·韦斯莱	荣恩·韦斯利
Professor Severus Snape	西弗勒斯·斯内普教授	石内卜教授
Minerva McGonagall	麦格教授	麦教授
Remus J. Lupin	莱姆斯·卢平教授	路平教授
Dolores Jane Umbridge	多洛雷丝·简·乌姆里奇	恩不里居教授
Albus Dumbledore	阿不思·邓布利多	阿不思·邓不利多校长

表中人物虽为故事作者杜撰,但都是故事中活灵活现的角色,其姓名的大

陆和港台译名与真实人名的翻译策略和方法可谓不谋而合——大陆多用音译，如"尼法多拉·唐克斯""德拉科·马尔福""西弗勒斯·斯内普教授"，倾向于异化；港台常用中国人的姓氏翻译，如"小仙女·东施""跩哥·马份""石内卜教授"，倾向于同化。值得一提的是，系列故事中大陆和港台各自用在人物名称翻译上的策略和方法从头至尾始终如一，充分体现了翻译过程和翻译顺应的连续性和整体性。

在翻译同一个源语文本的过程中，翻译的连续性与整体性往往有更多体现，这常常是有意识的。因为翻译过程中语言的选择就是这样，有时为了恰当表达一个意思，译者冥思苦想，反复斟酌；或为了使用某种修辞手段绞尽脑汁，费尽心机；但是，有的时候，一行行句子如行云流水从译者的笔端涌出。不过，无论是有意识还是无意识的，译者选择的译入语语言都会呈现出比较统一的风格。下面这则实例是希拉里2016年美国总统竞选败选后发表的演讲中的一部分，分别取自演讲的开头、中间和收尾部分。为了较好地说明正在讨论的问题，有必要引用较长的话语和较多的段落（为了讨论方便笔者在原文和译文的段落前面加了序号）。

实例102：

英语原文：(1) But I **feel pride and gratitude** for this **wonderful** campaign that we **built** together, this vast, **diverse, creative, unruly, energized** campaign. You represent **the best** of America and being your candidate has been one of the greatest honors of my life.

(2) I know how disappointed you feel because I **feel it too**, and so do tens of millions of Americans who **invested** their hopes and dreams **in** this effort. ...

(3) And to Bill and Chelsea, Mark, Charlotte, Aidan, our brothers and our entire family, my love for you **means more than I can ever express**. You **crisscrossed** this country on our behalf and **lifted me up** when I needed it most—even four-month-old Aidan

who **traveled with his mom**.

(4) I will always **be grateful** to the creative, talented, dedicated men and women at our headquarters in Brooklyn and across our country....

(5) To everyone who sent in contributions as small as $5 and **kept us going**, thank you. Thank you from all of us.

(6) And to the young people in particular，I hope you will hear this. I have, as Tim said, **spent my entire adult life** fighting for what I believe in. I've had successes and I've had setbacks. Sometimes, really painful ones. Many of you are at the beginning of your professional public and political careers. You will have successes and setbacks, too.

(7) This loss **hurts**, but please never stop believing that fighting for what's right is worth it. （引自希拉里美国总统竞选败选演说，2016-11-09）

大陆译文：（1）但是，我们共同**创造了**一次**无与伦比**的竞选活动，对此我**深感骄傲**，并**心存感激**。这次竞选活动涉及范围广阔、**富有变化**、**别出新意**、**灵活多变**，并且**充满活力**。在你们身上能看到美国人**最优秀的**品质，而能够成为你们的候选人是我这辈子最大的荣耀之一。

（2）我知道你们有多沮丧，因为我也**切身体会**。想必，**寄**希望和梦想**于**这次竞选的千百万美国人也和我们一样伤感。……

（3）谢谢比尔、切尔莎、马克、夏洛特和艾丹，谢谢我的两个弟弟，谢谢所有的家人。我对你们的爱**已经无法用言语来表达**。你们代表竞选团队在全国**四处奔走**，在我最需要的时候**给予我支持和鼓励**——就连仅4岁的小艾丹都**跟随他的妈妈四处奔波**。

（4）我将永远**心存感激**，感谢所有在纽约布鲁克林以及全国其他地方总部辛勤工作的你们，谢谢你们的创意、才华和奉献！……

（5）感谢所有捐款者，即便是5美元，也是**让我们继续前行**的动力。我谨代表我们团队的所有人谢谢你们！

（6）我还要特别感谢所有的年轻人。我希望你们能听到这一部分的内容。正如蒂姆所说的，**我这辈子**都在为我的信条而奋斗。有过成功，也有过挫折，有时候甚至是非常严重的挫折。你们当中许多人都在公共领域工作或政治生涯的早期。同样的，你们会得到成功，也会遭受挫折。

（7）这次落选**令人心痛**，但是请千万不要放弃相信：为正义奋斗是值得的。（引自新浪网，2016-11-10）

台湾译文：（1）但我对于大家**打了**这场**美好的**选战**感到非常骄傲和感谢**，这是场如此广大、**如此分歧**、**如此有创意**、**如此不受拘束且充满活力**的选战。你们代表了美国**最棒的**一部分，而担任你们的候选人是我这辈子最大的荣耀。

（2）我明白你们有多失望，因为我也**同样感到失望**，还有那些将他们的梦想及希望**投注于**这场选战的无数人。……

（3）还要谢谢比尔和雀儿喜、马克、夏绿蒂、亚丁和我的兄弟们，以及我所有家人，我对你们的爱**远超过我所能表达的**，你们代表我在这个国家辛苦奔走竞选，在我最需要的时候让我**振作起来**，即便是只有4个月大的亚丁，也**和妈妈一同上路**。

（4）对在美国各地和在布鲁克林总部，充满创意才智又热心的竞选工作人员，我**永远感激**，你们都全心投入选战中。……

（5）对所有捐款的人，即便只是5元美金，**帮助我们持续打选战**，谢谢你们，我们由衷感谢。

（6）特别要感谢年轻人，我希望你们能听到，如同凯恩说的，**我成年后**几乎都在为我的信念奋战，我成功过也失败过，有时是很惨痛的失败。你们许多人才刚开始你们的职业生涯，你们也会成功也会有挫败。

（7）失败很**伤人**，但请不要停止相信，为正确的事持续奋战绝对是值得的。（引自台湾苹果日报网国际中心，2016-11-09）

港澳译文：（1）对于我们**亲手缔造**的这场**伟大**竞选，**我感到骄傲和感激**。这场**多元的**、**富有创造力的**、**活力四射**的竞选活动。你们代表了美国**最好的**那个部分，能够做你们的候选人，是我一生中最大的荣耀之一。

（2）我知道你们有多沮丧，因为我也**一样**。数千万将他们的希望和梦想**投入**这一努力的美国人也一样。……

（3）比尔、切尔西、马克、夏洛特、艾丹，我的兄弟们、家族的亲人们，我对你们的爱**已经难以用言语表达**。你们同我一起到过无数的地方竞选，甚至才4个月大的艾丹都要**跟着妈妈奔波**。

（4）我也对布鲁克林总部和全美其他竞选中心里那些智慧、忠诚的工作人员与志愿者们**非常感激**。……

（5）对于所有**支持我们前行**的捐款者，即便是5美元的金额，谢谢你们。

（6）所有人，尤其是年轻人，我希望你们能听到这一点：我的确，就像蒂姆说的那样，**倾尽一生**，为我的信仰而奋斗。我有过成功也有挫折，有的时候，是很痛苦的挫折。你们当中的很多人，都处于职业的开端，无论是公共领域还是政治领域，你们也会遇到成功和挫折。

（7）这次的失败**让人受伤**，但是请不要停止相信：为正确的信念而奋斗，是值得的。（引自香港卫视网，2016-11-10）

读过上面希拉里演讲节选的三篇译文以后会有一种感觉——大陆的译文听起

来最正式,港澳的其次,而台湾译文的语体与其他两地比起来非正式的感觉最明显。相同的感觉贯穿每一篇译文的始终,这是由多种因素造成的。这里至少可以从三个方面来分析大陆、台湾、港澳译者在希拉里演讲词翻译过程中所表现出来的语言顺应的连续性和整体性:四字词的使用、口语体语言的使用和连接词的使用。

先来浏览一下三篇译文中使用汉语常见四字词(包括成语)的情况。大陆译者一共使用了12个,包括第1段里的成语"无与伦比"(wonderful)和"灵活多变"(unruly),第4段里的四字词"心存感激"(be grateful),最后一段里的"令人心痛"(hurts),等等。台湾译者在演说节选译文的所有7个段落中仅仅使用了两个四字词,即第1段里的"充满活力"(energized)和第3段里的"振作起来"(lifted me up)。港澳译者使用的中文常见四字词也只有两个,也就是第1段里的"活力四射"(energized)和第6段里的"倾尽一生"(spent my entire adult life)。笔者在5.3"社会文化习俗方面的顺应"中曾统计过特朗普美国总统竞选胜选演说大陆、台湾和港澳的三篇译文里使用四字词的情况,统计结果与希拉里败选演讲节选三地译文里四字词的使用情况相似。无论是否是成语,汉语中的四字词都是经过人们长期、反复使用形成的,通常给人一种比较正式的感觉,四字词使用得越多这种感觉就会越强烈。大陆译文中使用的四字词数量远远多于台湾和港澳译文,自然就显得正式一些。译者使用常见四字词的方式在整篇译文中是一贯的——大陆译者经常使用,其他两地很少使用,再加上下文将提到的其他一些语言因素,大陆译文语体比较正式、其他两地译文的语体正式程度次之的特点也是贯穿译文始终的,译者在同一个语篇中都真实地体现了翻译顺应的连续性和整体性。

下面让我们再从另一个角度来审视大陆、台湾和港澳这三篇译文的语言特点。虽然三篇译文多多少少都使用了一些比较口语化的表达,但是使用的频率差别很大。台湾的译文里从头至尾几乎满篇都是,港澳次之,大陆使用得最少(见表6-2):

表6-2 希拉里美国总统竞选败选演说台湾、港澳及大陆译文口语化表达情况

英语原文	台湾译文	港澳译文	大陆译文
wonderful (campaign)	美好的	伟大（的）	无与伦比的
built (the campaign)	打了	亲手缔造	创造了
the best (of America)	最棒的	最好的	最优秀的
invested ... in ...	投注于	投入	寄……于……
means more than I can ever express	远超过我所能表达的	已经难以用言语表达	已经无法用言语来表达
traveled with his mom	和妈妈一同上路	跟着妈妈奔波	跟随他的妈妈四处奔波
kept us going	帮助我们持续打选战	支持我们前行	让我们继续前行
spent my entire adult life	我成年后	倾尽一生	我这辈子

表6-2列举了英语原文中的8个短语及台湾、港澳和大陆与之对应的译文，译文表达的差别显而易见。比较三种译文，台湾译文口语化程度最高，港澳其次，大陆译文的语言最正式——这与我们上面对四字词的分析结果是一致的。例如，原文第1段中的英语动词built（the campaign），台湾译者用"打了"这个非常口语化的词语，而大陆译者使用的词语"创造了"非常正式；虽然港澳译文"亲手缔造"听起来也很正式，但将"缔造"与"竞选"组合在一起在大陆人听起来有点牵强。第1段里的the best（of America），台湾的译文"最棒的"与香港的"最好的"和大陆的"最优秀的"相比，口语色彩更浓。台湾译者在翻译下面几段中的means more than I can ever express，traveled with his mom，kept us going，spent my entire adult life等英语表达时所使用的语言更像是闲聊："远超过我所能表达的""和妈妈一同上路""帮助我们持续打选战""我成年后"。如果将台湾译文里的这四个表达与大陆相对应的译文对照一下这一点就愈加清楚："已经无法用言语来表达""跟随他的妈妈四处奔波""让我们继续前行""这辈子"；港澳译者选用的中文说法的正式程度处于台湾译文和大陆译文之间。与四字词的使用一样，口语表达同样贯穿台湾译文的始终，反映了译者在翻译同一篇文本过程中顺应的连续性与整体性，表现了翻译过程的自然状态。

最后，从大陆、台湾和港澳三篇译文使用连接词的情况来看，如果不算

连接罗列式项目的"和",大陆译者一共使用了25个连接词或词组,如"并且""而""因为""就连……都……"。台湾和港澳译文各使用了15个连接词,远远少于大陆译文。连接词用得较多,可以使语言表达之间的逻辑关系更加清晰,译文的文体也会显得比较正式。这几段的翻译中内地译者使用的连接词比港台译者整整多了10个,这就成为正式程度的标杆之一。另外,源语文本中因各种原因嵌入的与整篇文本"不合拍"的零星段落,并不会影响翻译顺应的连续性与整体性,正如这些零星段落不会影响原文本文体的连续性与整体形态一样,例如在非常正式的文本中引入口语加以讨论,文学作品里经常出现的各类人物的话语。这些情况需要译者灵活处理,根据语境和作品的需要适时变换语体,在译文中实现原作者的意图并达到顺应译入语读者的目的。

翻译的连续性与整体性主要以两种形式体现出来,一是具有相同、相似或者相通内容或特征的语篇之间译文语言的连续性与整体性,二是完成同一个翻译项目或翻译同一篇文本时语言选择的连续性与整体性。第一种情况发生在比较宏观的层面上,是翻译实践中十分常见的现象;第二种情况发生在已经选定的一篇源语文本的翻译中,涉及翻译策略的选择、文体的定夺、章节和段落的划分、具体语言表达的选择和确定等方面。正如连续性与整体性是所有类型交际的特性一样,翻译的连续性与整体性是翻译的普遍特性,无论是大陆译者还是港澳台译者都会在翻译实践中有意识或无意识地体现翻译的这一特性。

结束语

结束语

笔者工作的高校有数千名来自港澳台的学生，在教学和与他们的频繁接触中，笔者常常感到他们的言谈举止与大陆学生不尽相同。这从他们在课堂上的表现、参加的教学活动和完成的作业中也可见一斑，其中包括翻译课程和翻译作业。另外，因教学等原因笔者也常去香港和澳门。前几年，笔者曾两次到台湾进行工作访问，耳闻目睹了台湾与大陆社会文化的差别。由此联想到媒体报道的近些年来有关大陆与港澳台地区民众因文化和方言的差别引起的一些矛盾，特别是与语用和翻译相关的问题，笔者认为很有必要对此进行比较细致而深入的研究。为此，笔者查阅了大量资料，发现涉及大陆与港澳台英译中对比的学术研究屈指可数，且集中于少数几个相对狭小的范围，如电影名称和科技术语的翻译比较。因此，在资料方面，除了少量引用这些已有的材料，笔者尽量收集和使用来自不同领域的第一手资料，其中包括大陆和港澳台网络以及其他媒体上的最新资源，如时政报道、名人演讲、科研报告。值得一提的是，笔者还收集到了2016年美国总统大选几位知名竞选人一些演说的大陆、台湾和港澳的中文译本，这是本书第一手资料。

对翻译进行语用研究和分析不能没有强有力的理论指导，维索尔伦语用综观论是研究与分析言语交际活动的得力工具，用于分析作为跨文化交际活动的翻译可以说是"门当户对"。这一理论对语言变异、协商和顺应三个特征的阐释和对交际语境各种因素的分析，为翻译过程研究奠定了理论基础；理论中的动态顺应观和意识突显视角对翻译过程动态顺应的特性有很强的解释力。因此，笔者选定这一理论，用其审视和分析海峡两岸及港澳英汉翻译中表现出的异同，对差异背后的缘由做出合理的解释，并找到一些有规律性的东西，探索语用理论与翻译实践相结合的新路子，也为大陆和港澳台地区的英汉翻译实践提供参考。

翻译是一个动态的、连续性和整体性很强的跨文化语言交际活动，即便某些特殊因素造成翻译活动暂时中断或停滞，只要一个翻译项目没有完全终止或取消，后续工作仍会与前面的部分融为一体，表现出翻译过程的连续性和整体性，主要体现在译者对目的语语言表达的选择和顺应上。在语言表达的选择过程中，译者会同时考虑语言内外各种语境因素，综合思考后才能确定译文语言表达的最佳形式。因此，将翻译顺应过程中的这些影响语言顺应的因素截然分开事实上是不可能的。不过，为了清晰起见，笔者在本书的第三、四和五章，分别从非语言语境的顺应、语言语境的顺应、顺应过程中的意识突显三个不同的角度研究与分析海峡两岸及港澳英译汉语言顺应过程中表现出的差异。不过，分析翻译过程的某一方面并不意味着其他方面的因素没有起作用，只不过是暂时聚焦于一个方面而已。当然，也可能有这种情况，就是译者在考虑某一表达方式的时候，某种或某些语境因素比其他语境因素更突出或更重要，起主导作用，其他语境因素在译者决定译语语言表达方式的过程中处于次要的地位。例如，在讨论译者对意识形态及思想观念方面的顺应时，我们的关注点主要在这个方面，虽然其他语境因素也同时发挥一定的影响，但在这一节里暂时忽略。又如，当从语句与结构层面探讨译入语语言的顺应时，实际上经常会涉及词语层面和语篇与篇际层面的顺应，只不过我们暂时将讨论和分析的重点放在语句与结构上。再如，对翻译中社会文化习俗方面意识突显的探讨这一节，也是因为我们在这一节有意突出意识突显，并不是说其他语境因素在译者选择和确定译文语言表达的过程中没有任何意识突显的作用。

不过，为了体现翻译顺应过程的全貌，让读者对海峡两岸及港澳英译汉顺应过程中的异同进行整体观察与分析，笔者专门设计了第六章"大陆和港澳台地区英汉翻译顺应过程综合分析"，从顺应的动态性、译者主体性与顺应的关系、顺应的连续性与整体性三个角度讨论与分析完整的翻译顺应过程。翻译顺应的动态性和译者主体性贯穿翻译过程的始终，无论是主动顺应还是自动顺应，也无论是译者主体性的社会文化特征还是个性特征，都显示出翻译顺应的连续性与整体性，并最终体现在译文语言表达的选择上。

虽然笔者收集了大量第一手资料，也参阅了不少其他学者和研究者的研究成果，在认真、深入研读相关理论的基础上，从语言顺应的角度对各类英语文本海峡两岸及港澳的译本进行了比较全面的探讨与研究，但毕竟与本研究课题直接相关的参考资料较少，加之笔者的水平有限，探讨和分析中难免出现不尽如人意的地方，笔者在此真诚地期待学界同仁指出和纠正，并期望出现更多、更优秀的研究成果。

参考文献

包惠南,2003. 文化语境与语言翻译[M]. 北京:中国对外翻译出版公司.

鲍世修,1998. 努力求大同,存心异[J]. 中国翻译(4):54-56.

陈红,胡清平,2007. "翻译适应选择论"在词语层面的佐证[C]//胡庚申,主编. 翻译与跨文化交流:转向与拓展——首届海峡两岸翻译与跨文化交流研讨会论文集. 上海:上海外语教育出版社:169-174.

陈剑敏,2011. 顺应论视阈中的中英法庭话语研究[J]. 山东社会科学,192(8):116-119.

陈洁,2013. 翻译生态环境对译本语言的影响——对比《暮光之城·破晓》大陆译本和台湾译本[J]. 吉林广播电视大学学报,142(10):70-72.

陈鹏南,2014. 互文性理论视角下电影字幕翻译的实证研究——以《功夫熊猫》字幕翻译为例[J]. 淮北师范大学学报(哲社版),35(2):126-129.

陈善伟,1998. 香港翻译剧的回顾(1980—1990)[J]. 戏剧(4):59-63.

陈素珍,2013. 从语用顺应论看《阿凡达》两岸三地译本的本土化顺应[D]. 福州:福建师范大学.

陈怡,2013. 顺应论视角下中国大陆、香港、台湾同名英文电影片名的汉译[J]. 安徽文学(下半月)(2):125-127.

程伟,2013. 基于顺应论的网络交际语码转换现象分析[J]. 山东外语教学,153(2):44-49.

程祥徽,2010. 澳门的三语流通与中文的健康发展[C]//程祥徽,主编. 澳门人文社会科学研究文选(语言翻译卷). 北京:社会科学文献出版社:553-602.

程禹茜,2016. 顺应论视角下英文汽车广告语"不合作"现象探究[D]. 长春:吉林大学.

仇云龙, 2015. 现代汉语隐性否定载体使用条件研究: 语言顺应论视角[D]. 长春: 东北师范大学.

单谊, 戴劲, 2013. 新型"被××"结构的顺应论解读[J]. 外语教学理论与实践 (3): 47-53.

刁晏斌, 2013. 两岸四地现代汉语对比研究新收获[M]. 北京: 语文出版社.

刁晏斌, 2015. 海峡两岸及港澳地区现代汉语差异与融合研究[M]. 北京: 商务印书馆.

丁辉, 2005. 文化翻译中的动态交际语境顺应[D]. 长沙: 湖南师范大学.

东南西北人, 2016. 不知道这些有趣又幽默的地名翻译[OL]. 2016-06-18. http://www.eswnman.net/thread-248802-1-1.html.

范武邱, 胡健, 2015. 海峡两岸军事术语翻译差异及原因探析[J]. 上海翻译 (4): 29-33.

范志伟, 2015. 浅谈香港和内地翻译风格之别[OL]. 香港尧舜语言服务有限公司. 道客巴巴, 2015.2.12. http://www.doc88.com/p-0902638393507.html.

方梦立, 1999. 海峡两岸间人名地名翻译的差异及统一规范化的必要性和意义[J]. 北方论丛, 153 (1): 123-124.

方梓勋, 2002. 被殖民者的话语再探——钟景辉与60年代初期的香港翻译剧[J]. 贵州大学学报 (艺术版), 16 (34): 5-15.

冯成伟, 2016. 保罗·魏格纳的翻译理论与圣经汉译——兼及四种现代汉译本与死海古卷对比[J]. 外语研究 (1): 74-80.

冯展极, 鞠晶, 2010. 从顺应论的角度看英语新闻导语中的语用移情[J]. 徐州师范大学学报 (哲学社会科学版) (3): 63-66.

戈玲玲, 2001. 语境关系顺应论对词义选择的制约[J]. 中国科技翻译 (1): 27-29.

戈玲玲, 2002. 顺应论对翻译研究的启示——兼谈语用翻译标准[J]. 外语学刊 (3): 7-11.

龚龙生, 2001. 顺应论与口译研究[M]. 合肥: 安徽大学出版社.

郝思瑶, 2011. 高中英语课堂教师语码转换研究: 语用顺应论视角[D]. 长春: 东北师范大学.

何京蔓,2014.交际语境顺应论与中国特色外交话语的口译[D].北京:外交学院.

何萍,陈谱顺,2012.顺应论在翻译教学中的应用[J].教育学术月刊(11):107-109.

何熠,2009.海尔网站广告隐喻的顺应论研究[D].桂林:广西师范大学.

何自然,2007.语用三论:关联论、顺应论、模因论[M].上海:上海教育出版社.

何自然,于国栋,1999.语用学的理解——Verschueren的新作评价[J].现代外语,86(4):429-435.

胡庚申,2004.翻译适应选择论[M].武汉:湖北教育出版社.

胡庚申,2004.国际交流语用学——从实践到理论[M].北京:清华大学出版社.

胡庚申,2007."翻译适应选择论"再思考[C]//胡庚申.主编.翻译与跨文化交流:转向与拓展——首届海峡两岸翻译与跨文化交流研讨会论文集.上海:上海外语教育出版社:25-36.

黄大方,2001.香港专有名词翻译之特点[J].汕头大学学报,17(4):34-42.

黄金莲,2006.探析计算机术语翻译在台湾和大陆的差异[D].合肥:合肥工业大学:38-39.

HUANG, SHIH-MING, 2010.弗洛伊德《梦的解析》在台湾的两种中文译本[P].弗洛伊德与亚洲——发展与变革:亚洲背景下的精神分析——IPA首届亚洲精神分析大会,2010-10-21.

季新,2008.顺应理论视野下的语用失误分析[D].上海:上海师范大学.

蒋瑛,2011.语言顺应论在口译实践中的应用——以2010年温家宝总理答记者问现场口译为例[J].重庆交通大学学报(社会科学版)(5):121-123.

赖慈芸,张思婷,2011.追本溯源——一个进行中的翻译书目计划[J].编译论丛,4(2):151-180.

雷晓峰,田建国,2014.语用顺应论框架下的隐喻翻译模式研究[J].外语教学,35(2):99-103.

李恒春,1995.港澳台与大陆经济文献翻译比较[J].东南亚研究(5).

李锦,廖开洪,2005.文化语境顺应与翻译策略[J].语言与翻译(汉文),82(2):49-52.

李青梅，1995. 海峡两岸字音比较[C] //教育部语言文字应用研究所，编. 语言文字应用研究论文集（Ⅰ）. 北京：语文出版社：22-28.

李婷，2006. "是否"引导的是非问句在汉语警察讯问中的使用——基于顺应论的研究[D]. 广州：广东外语外贸大学.

李玮，2013. 从关联顺应论的角度看日译汉的语用失误及其翻译策略[D]. 西安：西安外国语大学.

李艳，2010. 从语用顺应论角度谈语码转换现象[J]. 广州大学学报（社科版），9（7）：88-91.

李英，2010. 从顺应论视角看两岸电影片名翻译[J]. 长春理工大学学报，5（8）：193-194.

李运兴，2007. 论翻译语境——视角和视野[C] //胡庚申，主编. 翻译与跨文化交流：转向与拓展——首届海峡两岸翻译与跨文化交流研讨会论文集. 上海：上海外语教育出版社：37-43.

李占喜，2004. 语用综观论：文学翻译的一个新视角[C] //杨自俭，主编. 英汉语比较与翻译. 上海：上海外语教育出版社：679-693.

李占喜，2007. 关联与顺应：翻译过程研究[M]. 北京：科学出版社.

李占喜，2009. 英语"写长法"的语用顺应论研究[J]. 外语教学，30（4）：66-70.

李占喜，2014. 语用翻译探索[M]. 广州：暨南大学出版社.

梁颂宇，2002. 时代的变迁与译文文本的发展——《李尔王》不同译本比较的探讨[D]. 南宁：广西大学.

廖七一，2005. 文本类型与地名译写[J]. 上海翻译（2）：13-16.

林玫，2008. 从顺应论看电影对文化信息的处理——评电影《功夫熊猫》[J]. 电影文学（20）：53-54.

林庆隆，2013. 台湾学术名词审译发展暨两岸学术名词翻译差异类型分析[J]. 物理，42（6）：430-435.

林巍，2005. 特定的规范化：澳门法律公文翻译探讨[J]. 中国翻译，26（5）：80-85.

林晓琴，2012. 从乔布斯悼词的两岸三地译文看企业外宣翻译的本土化顺应[J].

东南学术（5）：273-280.

刘丛如，2012.不同时代的圣经英译本[J].中国宗教（1）：44-46.

刘建刚，2007. Pragmatic Choices and Equivalence Translation[D].上海：上海外国语大学.

刘莉，2008.大陆及香港电影片名翻译中的文化差异[J].电影评介（10）：66.

刘玲，2007.顺应论视域下的翻译语境研究[D].哈尔滨：哈尔滨工业大学.

刘信波，2015.语境顺应论的教学价值[J].湖南科技大学学报（社会科学版），18（2）：117-120.

刘艳娇，2016.从顺应论角度对比分析中美情景喜剧中的言语幽默[D].太原：山西师范大学.

娄承肇，1992.大陆与台港英文科技语汉译比较[J].上海科技翻译（2）：29-31.

陆小美，2001.两岸三地英语来源外来词翻译对比研究[D].南宁：广西大学.

马霞，2006.口译：选择、协商与顺应——顺应论的语境关系在口译中的应用[J].中国翻译，27（3）：20-24.

马重奇，林玉山，2013.海峡两岸语言及辞书研究[M].福州：福建人民出版社.

梅晓娟，周晓光，2008.选择、顺应、翻译——从语言顺应论角度看利玛窦西学译著的选材和翻译策略[J].中国翻译（2）：26-29.

莫爱屏，2010.话语与翻译[M].北京：高等教育出版社.

彭佳洁，2012.从海峡两岸和香港人名地名翻译差异看译名统一的必要性[J].牡丹江教育学院学报，133（3）：54，165.

彭宣红，戴日新，2012.顺应论对体验式英语语法教学的启示[J].中国教育学刊（6）：33-34.

钱冠连，1990.论维索尔伦的元语用选择[J].外国语，68（4）：23-28.

钱冠连，1991.《语用学：语言适应理论》——Verschueren语用学新论评述[J].外语教学与研究，85（1）：61-66.

裘禾敏，2008.两岸三地科技术语的翻译与规范——基于计算机术语的个案研究[J].江南大学学报，7（3）：81-85.

舟永平，方晓国，2008.语言顺应论视角下反问句的人际语用功能研究[J].现代外语，31（4）：351-359.

任坤坤，2013. 从顺应论分析汉译英翻译策略——以《2012年政府工作报告》为例[D]. 青岛：中国海洋大学.

圣才学习网，2011. 外国名人名字的翻译. 英语类. 2011-12-19. http://yingyu.100xuexi.com/ExtendItem/.

宋国明，2015. 驳斥《笑议台湾汉语使用和翻译乱象》一文[OL]. 新浪博客，2015-09-25. http://blog.sina.com.cn/s/blog_631b93740102voo2.html.

宋志平，2004. 翻译：选择与顺应——语用顺应论视角下的翻译研究[J]. 中国翻译，25（2）：19-23.

宋志平，2014. 翻译选择与顺应过程的语用综观[M]. 上海：上海浦江教育出版社.

隼鹰，2006. 大家侃侃港台翻译用语与大陆的不同之处[OL]. 超级大本营军事论坛，2006-10-10. http://lt.cjdby.net/forum.php?mod=viewthread&tid=293583.

汤志祥，1995. 中国大陆、台湾、香港，新加坡汉语词汇方面若干差异举例[J]. 徐州师范学院学报·哲学社会科学版）（1）：103-109.

万蓓，2012. 从目的论角度谈两岸三地电影片名翻译[J]. 海外英语（3）：160-162.

汪智艳，2010. 弗洛伊德《梦的解析》在台湾的两种中文译本[C]//弗洛伊德与亚洲——发展与变革：亚洲背景下的精神分析——IPA首届亚洲精神分析大会论文集：70，224-225.

王婵，2014. 顺应论视角下赛译《水浒》文化词的语境翻译[J]. 长春理工大学学报（社会科学版），27（7）：134-136.

王宏志，2013. "借来的土地，借来的时间"：香港翻译史上三个很有价值的课题[P]. 中国翻译学学科建设高层论坛，2013-10-19.

王锦堂，2008. "花开两头，各表一枝"——浅析英语电影在大陆香港两地译名差异现象[J]. 法制与社会（7上）：293-294.

王俊超，曾利沙，2006. 多模态网购商品推介英译的目的：顺应论原则——以淘宝网裙类商品推介英译的实证研究为例[J]. 上海翻译（1）：30-37.

王力鹏，2019. 彼得·海斯勒《江城》无本回译浅析[J]. 广西教育学院学报，159

（1）：46-51.

王丽娜,2007.幽默翻译中的动态语境顺应[D].济南：山东大学.

王楠,2015.从不同时代读者期待视野差异的角度比较《名利场》的两个中文译本[D].沈阳：沈阳师范大学.

王悦,2011.从顺应论角度研究口译语体[D].上海：上海外国语大学.

王悦鸣,2015.从顺应论视角看英语政治新闻中的模糊限制语[D].合肥：安徽大学.

魏励,盛玉麒,2000.大陆及港澳台常用词对比词典[Z].北京：北京工业大学出版社.

翁燕,2013.从顺应论角度看海峡两岸的汽车品牌名称翻译[D].福州：福建师范大学.

吴静霓,等,2007.从术语学建设看两岸合作交流[C]//胡庚申,主编.翻译与跨文化交流：转向与拓展——首届海峡两岸翻译与跨文化交流研讨会论文集.上海：上海外语教育出版社：191-200.

吴巴英,李靖,2011.外国文学翻译体例的时代演变——基于《瓦尔登湖》不同译本的比较[J].湖南农业大学学报（社科版）,12（2）：83-87.

吴薇,2015.顺应论视角下旅游广告的语用学研究[D].沈阳：辽宁大学.

吴永德,1990.香港汉语同大陆汉语的词汇、语法差异[J].华中师范大学学报（人文社会科学版）（1）：88-94.

武学亮,2012.顺应论视角下的语用失误研究[D].武汉：中南民族大学.

夏晓云,2009.从两岸三地的翻译方式看英语术语汉译的本土化和规范化[J].长沙大学学报,23（6）：101-102.

熊涛,2001.香港英语合同中文译文的特点[J].国际经贸探索（2）：83-86.

许春晶,2009.从顺应论的角度研究《喜福会》中称呼语的语用失误[D].长春：吉林大学.

许钧,1996.三十年的实践与思索——刘靖之先生论翻译[J].语言与翻译,48（4）：48-52.

杨惠英,2012.维索尔伦的语用顺应论与翻译的选择和顺应[J].兰州大学学报（社会科学版）,40（2）：56-60.

杨俊峰，2005. 语境顺应与语用翻译[J]. 外语与外语教学，200（11）：47-50.

杨蒙，2006. 语境顺应与文化翻译[J]. 外语教学，27（3）：87-89.

杨璇，2014. 功能翻译理论视角下英文电影片名的翻译——大陆与香港翻译版本的对比研究[J]. 河北联合大学学报，14（3）：133-136.

姚吉刚，2013. 顺应论视角下的英汉骂詈语对比研究[J]. 山西农业大学学报（社会科学版），12（2）：130-135.

叶苗，2009. 从顺应论看应用翻译异化观——基于《中国国家地理——选美中国特辑》英译个案的研究[J]. 中国外语，30（4）：102-106.

360百科. 一国三译[OL]. http://baike.so.com/doc/6400489-6614147.html.

俞佳乐，2006. 翻译的社会性研究[M]. 上海：上海译文出版社.

岳峰，2000. 香港译者翻译外国电影片名的同化趋向[J]. 北京电影学院学报（3）：42-45.

曾达琪，2015. 从顺应论看《冰雪奇缘》字幕翻译[D]. 福州：福建师范大学.

曾丽艳，2015. 顺应论视域下汉英政治新闻报道中转述现象的比较研究[D]. 广州：暨南大学.

曾文雄，2007. 语用学翻译研究[M]. 武汉：武汉大学出版社.

曾文雄，2010. 翻译的文化参与——认知语境的互文顺应视角[D]. 上海：华东师范大学.

张春莉，2010. 两岸三地影片名翻译异同刍议[J]. 作家杂志（2）：174-175.

张春敏，2010. 语用顺应论视角下的商标词翻译[J]. 河北理工大学学报（社会科学版），10（4）：144-146.

张金荣，2006. 通过基于顺应论的阅读教学提高学生的语用意识[D]. 武汉：武汉理工大学.

张秀颖，2007. 从顺应论的角度理解计算机领域书面语的中英语码转换[D]. 天津：天津大学.

张亚男，2013. 从顺应论角度分析广告语篇中的汉英语码转换现象[D]. 大连：东北财经大学.

张艺文，2013. 顺应论视角下的英语转喻形成机制研究[D]. 保定：河北大学.

张云飞，2014. 顺应论视角下美国本土文学作品翻译策略方法探析——以《美国印第安人的故事》（节选）翻译为例[D]. 上海：复旦大学.

张耘, 2011. 以交际语境顺应视阈剖析语用失误[J]. 重庆工商大学学报（社会科学版）, 28(3): 101-105.

郑晓园, 2001. 科学著作翻译中的"信、达、切"——试析李约瑟的《中国的科学与文明》台湾译本的几处翻译[J]. 上海科技翻译（2）: 32-34.

郑雪青, 2000. 《简·爱》不同时代译本的语言风格[J]. 大连大学学报, 21(5): 108-110.

周慧芳, 2007. 从顺应论角度看非语言语境与翻译[D]. 太原：太原理工大学.

周娟, 2010. 从顺应论视角看严复《天演论》的翻译[D]. 重庆：重庆大学.

周明强, 2005. 现代汉语实用语境学[M]. 杭州：浙江大学出版社.

朱姗, 2010. 从顺应论角度探讨汉语假宾语对汉英同声传译的影响及其应对策略[D]. 武汉：华中科技大学.

朱雅丽, 2014. 顺应论视角下的跨文化交际语用失误研究[J]. 黑龙江高教研究, 245(9): 174-176.

朱志瑜, 傅勇林, 2002. 英汉翻译的影响与香港书面汉语的语义结构变异[J]. 外语与外语教学, 163(10): 55-60.

卓新光, 王晶, 2007. 顺应理论视角下的文化专有项翻译策略[J]. 东北师大学报（哲学社会科学版）, 225(1): 107-110.

邹耘, 2008. 中国内地人与澳门人英汉翻译差异之比较[D]. 广州：暨南大学.

BAKER M, 2000. Towards a methodology for investigating the style of a literary translator[J]. Target, 12(2): 241-266.

CHEANG, 2005. Domesticating translation can make a difference: a case study of foreign film-title translation in Hong Kong and Taiwan[D]. Hong Kong: Lingnan University.

CHEN Y-M, 2011. The translator's subjectivity and its constraints in news transediting: a perspective of reception aesthetics[OL]. 56(1): 119-144. erudit: http://www.erudit.org/revue/meta/2011/v56/n1/1003513ar.html

GRICE H P, 1975. Logic and conversation[C] // P COLE, J MORGAN, eds. Syntax and Semantics, Vol. 3: Speech Acts. New York: Academic Press: 41-58.

HAN S-Y, 1994. Eldest son: Zhou Enlai and the making of modern China[M]. London: Pimlico London.

KONG C-Y, 2010. The self-representation of regional and national identities[J]. eSharp (Special issue: communicating change: representing self and community in a technological world: 88-121.

SPERBER D, WILSON D, 1986. Relevance: communication and cognition [M]. Oxford: Blackwell.

VERSCHUEREN J. Understanding pragmatics[M]. Beijing: Foreign Language Teaching and Research Press, 2000.

WEI S L-C, 2012. The influence of semantic transcription on Taiwan Manderin [C] // TAN ZAIXI, HU GENGSHEN, eds. Translation and intercultural communication: impacts and perspectives. Shanghai: Shanghai Foreign Language Education Press.

澳门广播电视网. http://www.tdm.com.mo/index.php.

百度网百度经验. https://jingyan.baidu.com/.

道客巴巴网. http://www.doc88.com/.

翻译达人网. http://www.fanyidaren.com/.

凤凰资讯网. http://news.ifeng.com/gundong/.

经典网/香港媒体. http://jingdian230.com/.

美国悦木之源公司官网. http://www.origins.com/.

苹果公司网表带篇. http://www.apple.com/watch/apple-watch/.

360百科网. http://baike.so.com/.

三亿文库网. http://3y.uu456.com/.

时光网. http://movie.mtime.com/.

搜狗网搜狗百科. http://baike.sogou.com/.

搜狐网搜狐新闻. http://news.sohu.com/.

台湾东森新闻网. http://news.ebc.net.tw/.

台湾民视网. http://www.ftv.com.tw/.

台湾苹果日报网国际中心. http://www.appledaily.com.tw/realtimenews/.

台湾新生报网. http://www.tssdnews.com.tw/.

台湾新唐人网. http://www.ntdtv.com/xtr/b5/.
台湾中时电子报网. http://www.chinatimes.com/.
腾讯网腾讯新闻. http://news.qq.com/.
天涯社区网论坛. http://bbs.tianya.cn/.
网易新闻. http://news.163.com/.
香港卫视网. http://www.hkstv.tv/.
香港文汇网. http://www.wenweipo.com/.
新浪网台湾微博精选. http://tw.weibo.com/pic/.
新浪网新浪博客. http://blog.sina.com.cn/.
新浪网新浪新闻. http://news.sina.com.cn/.
中国网. http://www.china.com.cn/.
中国广播网. http://www.cnr.cn/.

致 谢

经过两年多持续不断的努力，专著终于基本成形。本书是以广东省学科共建项目的研究为基础撰写的，除笔者外，还有不少人为项目的申请与研究出过力。这里首先要感谢研究课题组的成员赵友斌、张志清和林巍三位教授的鼎力相助。特别是暨南大学翻译学院院长赵友斌教授，从申请到开展，给予了项目很多关注和支持，使项目得以顺利进行和完成。也要感谢我的几位研究生为本书提供的部分实例，特别是李菁羽、邹耘、曾丽艳三位同学。笔者还要感谢家人的理解与支持，让我潜心专注于项目的研究和专著的撰写；感谢翻译学院的同事们在项目的申请和管理过程中给予的支持和帮助。

付永钢

2019年6月20日